愛のヴィクトリアン・ジュエリー
華麗なる英国のライフスタイル

A Celebration of Victorian Jewellery
Love, Leisure and Ceremony

平凡社

ごあいさつ

　1837年、18歳の若き女性が大英帝国の頂点に立ちます。それはイギリスが過去にない繁栄をきわめたヴィクトリア時代（1837〜1901）のはじまりでした。その繁栄は、帝国に流れこみ、蓄積されたゆたかな富だけが形づくったものではなく、ヴィクトリア女王という一人の女性の生き方とその愛が、この時代の文化と繁栄にさらなる輝きをあたえたのだといえます。女王は女性のライフスタイルにかかわるさまざまな事柄に影響力を見せ、とりわけジュエリーの世界に注目すべき展開をもたらしました。

　女王は即位して間もなく、愛する男性と出会い、やがて結婚します。二人の治世の間に、イギリスは政治・経済の面で安定し、夫アルバート公の発案による1851年の第1回ロンドン万国博覧会では、「世界の工場」と呼ばれるほど産業と技術をもった強い国であることが誇示されました。同時に文化の面においても、芸術運動が奨励され、殖産興業やデザイン発展のため「ヴィクトリア&アルバート」と夫婦の名を冠した博物館の基礎が構想されました。こうした自国の文化と産業の質を高めたこともまた、ヴィクトリア時代の所産だったといえるでしょう。

　世界に拡がる植民地からもたらされた物資は、イギリスでさまざまに形を変え、ジュエリーやファッションにまで反映されました。金や銀、ダイヤモンドや象牙など、当時もたらされた富は美しく手をくわえられ、女王と、台頭してきた富裕層にまで享受されるようになります。ジュエリーのデザインは多様化し、あるときは豪華に、あるときはその小さな美術品に、意味や愛情、思い出が付与されるようになりました。センチメンタルジュエリーと呼ばれる、金銭的な価値を超えたジュエリーです。女王はこうしたジュエリーを結婚当初からとくに好んで身につけ、それが多くの女性たちの共感を呼びました。

　愛する夫と9人の子どもに恵まれ、イギリスの繁栄を背景に平和な家庭を築いたヴィクトリア女王は、ヨーロッパ中が注目するファッションリーダーだったといえます。女王からはじまる慣習も多く、今日のウェディングやアフタヌーンティーもまた、彼女の時代に完成されました。イギリスのライフスタイルは、今日の日本人が憧れる文化でもあります。その華麗なイギリスの伝統と文化、栄華のさまを展観します。

　　　　　　　　　　　　　　　　　　　　　　　　　　　　　　　　主催者

謝辞
Acknowledgements

本展覧会の開催にあたり、貴重な作品をご出品いただきましたご所蔵家の皆様、開催実現のためにご協力を賜りました関係各位に、衷心より御礼申しあげます。

We would like to express our deepest gratitude to the following collaborators, institutions and private collectors, for lending precious objects as well as related materials to this exhibition.

アルビオン アート株式会社 Albion Art Co., Ltd.	株式会社 御木本真珠島 Mikimoto Pearl Island Co., Ltd.
橋本 貫志 Kanshi Hashimoto	ダイアン・クライス Diane Claeys, Claeys Antique Japan
宝官 優夫 Atsuo Hougan	佐伯 祐児 Yuji Saeki, Claeys Antique Japan
ヘザー・トゥマー Heather Toomer, U.K.	ジュディス・キルビー・ハント Judith Kilby Hunt, U.K.
ハロルド・ブラウン Harold Brown, U.K.	穐葉 誠一 Seiichi Akiba

監修　　　　　　穐葉 昭江（穐葉アンティークジュウリー美術館長）
Supervisor :　　　Terue Akiba
　　　　　　　　　 Director of Akiba Museum of Antique Jewellery

特別協力　　　　　　　ダイアナ・スカリスブリック（宝飾史家）
Special Cooperation :　Diana Scarisbrick, Jewellery Historian

　　　　　　　　　　　　穐葉アンティークジュウリー美術館
　　　　　　　　　　　　Akiba Museum of Antique Jewellery

修復・保存　　　小林 謙
Conservation :　　Ken Kobayashi

　　　　　　　　　斎藤 敦
　　　　　　　　　Atsushi Saito

企画協力　　　　株式会社アートプランニング レイ
Coordinated by :　Art Planning Rey Inc.

　　　　　　　　　深井 大門
　　　　　　　　　Daimon Fukai

　　　　　　　　　豊田 奈穂子
　　　　　　　　　Naoko Toyoda

　　　　　　　　　山崎 典子
　　　　　　　　　Fumiko Yamazaki

愛のヴィクトリアン・ジュエリー展
華麗なる英国のライフスタイル

［東京］	Bunkamura ザ・ミュージアム	2010年1月2日―2月21日
［山梨］	山梨県立美術館	2010年4月10日―6月6日
［福井］	福井県立美術館	2010年7月24日―8月22日
［広島］	広島県立美術館	2010年9月30日―11月28日
［釧路］	釧路市立美術館	2012年4月28日―6月17日
［秋田］	秋田市立千秋美術館	2012年7月14日―8月26日
［旭川］	北海道立旭川美術館	2012年9月4日―11月7日
［滋賀］	黒壁三十號館 長浜アートセンター	Part1. 2013年7月25日―11月24日
		Part2. 2014年4月23日―9月23日
		Part3. 2015年5月14日―8月30日
［山口］	山口県立萩美術館・浦上記念館	2017年7月8日―9月3日
［茨城］	茨城県陶芸美術館	2019年1月2日―3月10日
［広島］	尾道市立美術館	2021年3月13日―5月5日
［東京］	八王子市夢美術館	2022年7月1日―9月4日
［岐阜］	岐阜県現代陶芸美術館	2022年11月26日―2023年1月29日

後援
Supported by :

ブリティッシュ・カウンシル
British Council

一般社団法人日本ジュエリー協会
Japan Jewellery Association

公益社団法人日本ジュエリーデザイナー協会
Japan Jewellery Designers Association

日本紅茶協会
Japan Tea Association

目次
Contents

ごあいさつ	003
ヴィクトリア女王とその時代　ダイアナ・スカリスブリック Diana Scarisbrick	008
ヴィクトリアン・ジュエリー　秋葉昭江 Terue Akiba	021
序章　ヴィクトリア女王の愛	025
第Ⅰ章　アンティーク・ジュエリー	029
セットジュエリー	030
ゴールド	036
パール	050
ダイヤモンド	058
エナメル	064
インタリオ&カメオ	070
モザイク	086
スコティッシュ	090
ピクウェ	094
アイボリー	096
多種多様な素材	098
世界の著名なコレクション	109
英国王室にまつわる宝飾品	119

凡例
* 本書『愛のヴィクトリアン・ジュエリー』は同名の展覧会の図録として編纂された。テーマに応じて章にわけ、展示作品を分類した。作品の題名については、原則として所蔵者の用いるものにより、製作年等も同様である。

* 作品図版については、以下の通り分類した。
  ◆ No. 00 ： 展示作品の通し番号・作品番号
  ◆ Ref. 00 ： 参考展示される作品の通し番号
  ◆ Fig. 00 ： 論文の挿図の通し番号
  ◆ Pl. 00 ： 展示される作品ではないが、挿図として引用した作品

第Ⅱ章　歓びのウェディングから哀しみのモーニング	147
清楚な花嫁——ウェディング	148
レースの歴史	163
亡き人への想い——モーニングジュエリー	199
第Ⅲ章　優雅なひととき——アフタヌーンティー	213
テーブルセッティング	214
シルバーウェア	226
ヴィクトリアン・アフタヌーンティー　ハロルド・ブラウン	233
Harold Brown	
ジュエリーデザイン画	236
技法／用語解説	240
イギリス史年表	242
作品リスト／作品解説	246
参考文献	264
Queen Victoria　Diana Scarisbrick	265

* P.025〜P.245までの掲載図版には、それぞれ作品番号、タイトル、欧文タイトル、製作年、製作地／国、判明する製作者を表記したが、表示されなかった素材、サイズ、作品の詳しい解説、所蔵先、原題（Pl. の場合）については、巻末の「作品リスト」（P.246〜263）に記載した。各作品の所蔵先について、記載のない場合はすべて「穐葉アンティークジュウリー美術館」の所蔵である。ジュエリーに関する用語は、P.240〜241の「技法／用語解説」を参照できる。

* 本書には必ずしも展示される全作品を掲載していない。また展示においても作品入替の都合から、会場によって未陳となる作品がある。

ヴィクトリア女王とその時代

ダイアナ・スカリスブリック
宝飾史家

ヴィクトリア女王が在位したヴィクトリア時代は、イギリスの歴史のなかでももっとも輝かしい時代であった。1837年に即位してから1901年に亡くなるまで、政治的安定に支えられた盤石の政府は、商工業の繁栄をはじめ、鉄道・道路・郵便制度の整備、海軍などの軍事的栄光、植民地の拡大と発展をもたらし、現代の教育機関・文化施設・社会的機関の基礎を築き、「太陽の沈まない帝国」と呼ばれた。そうしたなか、女王を中心としたイギリス国民の愛国心が育まれていったのである。

女王の肖像

さて、ヴィクトリア女王とはどのような人物だったのだろうか？ 身長は152センチと小柄なうえに、太り過ぎの体型でけっして美人とは言えないものの、優雅さと品格をそなえ、心地よい澄んだ声の持ち主であったという。9人の子供に恵まれ、長い人生のなかで病気をすることはほとんどなかった。乗馬が得意で、自宅や宮殿では、夜遅くまでダンスを楽しむこともあった。大量に遺された彼女の手紙には、当時の人々や出来事についてのしっかりとした意見が書かれ、芯の強い性格がうかがえる。

女王として生きた彼女の人生は、大きく2つの時代に分けられる。ひとつは、1840年の結婚から61年にアルバート公が亡くなるまで続いた、幸せな妻としての生活。もうひとつは、その後、長く続いた孤独な未亡人としての生活である。夫の死後9年間、ほとんど公の場に出ることがなくなった女王は、公的義務をおろそかにしていると国民から一時批判されることもあったが、まもなく国民からの愛情を取りもどし、その人気は1887年と1897年に行なわれた在位50周年・60周年の祝典行事において最高潮に達した。

女王、妻、母というそれぞれの横顔は、彼女が身につけた宝飾品に反映されている。まだ若きプリンセスであった頃には、誕生日やクリスマス、洗礼式の際に、友人や親戚たちから贈られたひかえめな宝石を身につけ、宮中行事に出席した。そして女王として即位したのちは、頭や耳、首、手首、指につけた数々のダイヤモンドの輝きが、この小柄な女性を引き立たせた。しかし、こうした宝石の所有については物議を醸すこともあったのだ。

ドイツ・ハノーファー家との論争

ヴィクトリア女王は、彼女の即位と同時にドイツ・ハノーファーの王となった叔父カンバーラント公エルンスト・アウグストと、彼女がウィンザー城から持参した家宝の所有権を争うことになった。1714年から、イギリスと同君連合の関係にあったハノーファー王国は、サリカ法典が女性の王位継承を認めていないことを理由に、1837年、イギリスとの同君連合を解消

する。その際、王はハノーファー家の血をひく彼女の所有物である家宝をも直ちに返還するよう要求したのである。

この争いは20年以上も続いたが、57年、女王に不利な判決が下されることで幕を閉じた。自分のものだと信じていたたくさんの宝石を手放すことは、彼女にとって大きな打撃となり、国民は同情した。それでもまだ充分な宝石が女王の手元に残され、58年発行の月刊誌『イラストレイテッド・ロンドン・ニュース』には、女王の長女ヴィクトリアと、ドイツ皇帝フリードリヒ3世の結婚式での2人の姿が讃えられ、「我が国の裁判官たちが、我らの宝石をすべてハノーファー家に譲渡しなかったことを誇りに思う」と報じている。イギリスの国民たちは、宝石こそが女王を女王たらしめ、一般の女性とは異なる特別な存在にするために重要なものだと、よく理解していた。

贈り物と収集品

女王に残された宝石は、さらに豪華なプレゼントによって補われた。なかにはタイの王様やマスカット・オマーン国のイマームからの贈り物もあったが、もっとも重要な贈り物は、1849年、東インド会社によってパンジャーブがイギリスに統治された際、併合されたシク王国の首都ラホールの宝物殿から運ばれたものだった。

イギリス・東インド会社によるインド侵略は、女王にダイヤモンドと真珠、そして歴史上、重要な2つの宝石を与えることになる。ひとつは、ムガール帝国の王が何世紀にもわたって大切にしてきた「コ・イ・ヌール・ダイヤモンド」、もうひとつは、軍人ティムール（1336〜1405）がかつてターバンにつけた352カラットの「ティムール・ルビー」（実際にはスピネル）である。このルビーには、その後の持ち主の名が代々刻まれることになった。

女王は、「コ・イ・ヌール・ダイヤモンド」を伯母のアデレード王妃から相続したティアラの中央に飾ったり、クロス・パテにつけたり、ブローチとして身につけた。一方、深紅の「ティムール・ルビー」は、ダイヤモンドチェーンの中央に据えた。

ほかにも女王はクラウン・ジュエラー（王室御用達）のロバート・ガラード社から数多くの宝石を購入し、先祖代々伝わる宝石の仕立て直しをした。女王の象徴として、複数のティアラを身につけることもあった。なかでも魅惑的なのは、アデレード王妃の太陽光線のようなフリンジ状のダイヤモンドネックレスから作られたティアラである。フランツ・クサファー・ヴィンターハルターが描いた王族の肖像画《1851年5月1日》（P.119-Pl.5）にも、女王がこれを身につけている姿が描かれている。ガラード社に依頼した宝飾品は、ほかにもサファイアとダイヤモンドの小冠、ルビーとエメラルドの2つのダイヤモンドティアラなどがある。

ヴィクトリア女王が好んでよく身につけていたダイヤモンドのイヤリングには、トルコの装飾品からはずした宝石から作ったもの、東インド会社から贈られたもの、そしてアルバート公から贈られたものがある。また、彼女はエメラルドのペンダントもよく身につけていた。そのペンダントをダイヤモンドチェーンにぶら下げて楽しむこともした（1847年）。

深めのネックラインが特徴的な宮中服には、ネックレスが欠かせない。そのため、ハノーファー家に返還する宝石の代替として多くの真珠を購入したり、儀式に使用された剣とガーター

勲章から28個のダイヤモンドを取りはずさせて、フランツ・クサファー・ヴィンターハルターによる肖像画に見るような、豪華なコレットネックレスなどを作らせた。ガラード社からは、エメラルドとダイヤモンドのネックレス（1848年）、そしてルビーとダイヤモンドのネックレスを手に入れ（1853年）、ほかにもさまざまな贈り物が彼女のもとに届けられた。アデレード王妃からはターコイズと真珠のネックレスとイヤリング、プロシア王からはダイヤモンドと大きなトパーズのチェーン、さらに流行のドレスのいたるところにブローチがつけられ、その姿を艶やかに彩った。

女王は即位直後に、見事なブローチを3つ作らせている。1つ目は、オレンジの花がデザインされたペアブローチ、2つ目はアデレード王妃から贈られた麦の穂を象ったティアラから作ったもの、そして3つ目は祖父ジョージ3世のバス勲章から取りはずしたダイヤモンドで作ったものである。これらは現在も、ヴィクトリア女王が身につけた数多くの宝石とともに王室コレクションに保管されている。

アルバート公の影響

ヴィクトリア女王は即位と同時に宝石を購入しはじめたが、これはただ自分のためではなく、公に授与する（プレゼンテーション）目的もあった。1840年に結婚してからは、宝飾品に対する強い関心をアルバート公と分かちあいながら、さらに宝飾品の収集を楽しむようになった。夫君もまた、彼女のコレクションに積極的に協力したのである。

アルバート公が花婿として最初にプレゼントしたのは、12個のダイヤモンドに囲まれた大きなサファイアのブローチだった。女王はそれをとくに大切な時に身につけるようにしていた。ほかにもアルバート公から、日常使いの宝飾品がいくつも贈られている。エメラルドの花がついたエナメルネックレスやターコイズの宝飾セット、ルビーとダイヤモンドのデミパリュール、そしてハエに忍び寄るクモを象ったブレスレット。これらはすべて彼自身がデザインし、2人の結婚記念日に贈られた。現在王立図書館に保管されているスケッチブックにも、女王の喜びとともにデザインが記録されている。

1846年に贈られたプレゼントには、女王はとくに心を打たれたようだ。そこには、「頭を囲むようにデザインされたリースは、クリスマスにもらったブローチとイヤリングに合うよう作られている……すべて彼自身がデザインしたもので、葉をマットな金で、オレンジの花を白い磁器で表現し、緑のエナメルで絵付けされた4つの小さなオレンジが、私たちの4人の子供を象徴しているかのよう……なんて優しい心遣いなのでしょう」と記されている。

若くして亡くなる人が多かった時代、女王は身近な者の形見として、宝石を身につけることがあった。1850年にベルギーのルイーズ王妃が亡くなったとき、アルバート公はひとつのプレゼントをヴィクトリア女王に贈った。女王はのちにこう記している。「私にとってかけがえのない価値をもつプレゼントは、愛するルイーズのミニアチュールとダイヤモンドの文字で飾られた、黒い十字架のついた青いエナメルのブレスレットだ。愛しいアルバートによるデザインで、非常に美しく、私はそれをスケッチした……」

愛情深い父親でもあったアルバート公は、娘たちにも宝飾品をデザインしてプレゼントした。

長女ヴィクトリアの1858年に挙げた結婚式では、エメラルドとダイヤモンドのペンダントとブレスレット、オパールとダイヤモンドのパリュールをデザインし、娘に捧げた。1861年に亡くなる前にも、結婚間近の次女アリスに、宝飾品をデザインしていた。

記念日やクリスマスプレゼントとして、また花嫁介添人や出席者への引き出物としても宝飾品が製作された。高価な品もそうでないものも、それぞれの贈り物は必ず夫婦で話しあいながら宝石商に注文した。そのおかげで、ロンドン、ダブリン、エジンバラの一流宝石商が、1851年と62年に開催されたロンドン万国博覧会に参加した。こうした成果は、なによりアルバート公らの奨励があってこそである。

万国博覧会

第1回ロンドン万国博覧会を皮切りに、パリ（1855年・67年・78年・89年・1900年）、ウィーン（73年）、フィラデルフィア（76年）、シカゴ（93年）と、欧米各地で万博が開催され、イギリス王室と関係の深い宝石商もその分野で名声を博した。大勢の観客が集まり、鑑賞し、実際に購入する者も多かった。産業の発展、鉄道・輸送・不動産・銀行といった新しいビジネスが生まれ、そこに投資する貴族や産業資本家たちは、ますます豊かになり、また海の向こうの北アメリカ、南アメリカの大富豪たちもその財産を年ごとに増大させていった。こうした繁栄は、新興の富裕層が宝飾品の購買層になることをも意味し、成功者の妻たちが人前に出て、夫の成功を妻の宝石という尺度で測るといった社会の慣習を生んでいった。

一流宝石商とバーミンガムの製造業者たち

ロンドンにおける宝石商については、王室御用達のロバート・ガラード社が真っ先に挙げられよう。それに次いで、ボンド街のハント＆ロスケル社、リージェント街のハウエル＆ジェームス社、そして1856年にかの有名なネオ・ルネサンス様式の「デヴォンシャー・パリュール」を製造したブルトン街のC. F. ハンコック社などがある。

これらの宝石商には、最高級の宝石を使用するという定評があった。56年以降には、ルビーとサファイアがビルマから輸入されるようになり、67年に南アフリカでダイヤモンド鉱山が発見されてからは、業界にダイヤモンドが溢れかえった。供給量は増え、ダイヤモンドの値段が比較的下がるようになると、今度はいっそう稀少な天然の真珠が、もっとも高級な宝石として君臨した。「芸術的」な宝飾品を作るスペシャリストには、珊瑚と金の装飾で有名なロバート・フィリップスや、エナメルの加工技術を復興させたカルロ・ジュリアーノらが名を馳せた。

1848年にフランスで二月革命が起こり、オルレアン家のルイ・フィリップが国を追われてイギリスへ亡命する。その騒動について、ヴィクトリア女王は日記にこう記した。「パリから革命で疲弊した宝石商やデザイナーたちが次々にやって来る。彼らが持っている美しく魅力的な宝飾品は、購入せずにはいられない……」

そのうちの一人、パリのジュール・フォッサンの後継者として、48年にニュー・バーリントン街に支店を開いたジャン・ヴァランタン・モレルは、その在庫を見せるようにと女王に招かれ、以来、女王の着付師だったスケレット嬢か

011

ら呼び出されては、さまざまな装飾品を用意し、52年、ついに王室御用達許可証を得た。このときモレルは、ヴィクトリア女王がそうであるように、イギリス人の多くが、ガーネットやターコイズ、明るいエナメルなどによるはっきりした色づかいの宝飾品を好み、いくつものブレスレットを身につけることを学んだ。

一方、バーミンガムでは、高価な宝石を使わずに多種多様な装飾品を製造していた。そこでは約2万人の労働者がさまざまな作業をこなし、宝飾品の製作に従事していた。

ヴィクトリア女王は、自身の1840年の婚儀に際してイギリスへ到着したアルバート公のために、バーミンガム産のボタンを贈ることにした。その出来事は多くの人々の関心を呼び、バーミンガム製のボタンの需要が増大した。こうした影響力を追い風にしたいバーミンガムの宝飾製造業者たちは、つづいてアルバート公のもとへと代表団を送りこんだ（1845年）。彼らは、女王へ献上するための宝飾品を持参し、そこにはブローチ、イヤリング、ベルトバックルと「街で一番素晴らしい」ブレスレットがセットされていた。中心にはダイヤモンドが小枝のようにあしらわれた青いエナメルが据えられ、9つの真珠の縁取りと、オークの葉とドングリの装飾で囲まれている。ブレスレットのベルト部分には、平和と豊饒、永遠を意味する紋章が彫られ、バラ、アザミ、シャムロックとリーキ（それぞれイングランド、スコットランド、アイルランド、ウェールズの象徴）の装飾と、ルビーとダイヤモンドの留金がついている。バーミンガムの製造業者からはアルバート公にも、懐中時計の鎖と鍵、そして商業の神マーキュリーと豊饒の神ケレス、葡萄の蔓がデザインされたシール

Fig.1
バーミンガムの製造者たちがアルバート公のために製作したヴィクトリア女王への愛国的シンボルが施されたブローチ、ブレスレットとベルトバックル、時計チェーン、鍵、シール（印章）　1845年　*Illustrated London News*

（印章）が贈られた（**Fig.1**）。アルバート公は、この愛国心に溢れた作品を見て、お礼を述べてからこう漏らしたという。「流行というものは、なぜ宝石ばかりを求めて意固地なまでに海外に目を向けるのだろう。この国で充分優れたデザインの宝飾品を製造できるというのに……」。アルバート公はこのすばらしい宝飾品を女王と分かちあった。

バーミンガムにおける宝飾産業の成功の理由は、効率の良い機械生産をとりいれていたからだけではない。ヴィクトリア時代の女性たちが実際の階級よりもいっそう上に見せるため、宝飾品を身につけることを望んだからだった。『クイーン』誌にも「我々は偽りの世界で暮らしている」と書かれており（1869年）、召使いが中流階級の女主人を真似、女主人が貴族を真似、そして貴族が王室を真似る――といった社

会の風潮が、蔓延していたことを物語っている。

社会の風習

1) 結婚式

　結婚は、社会的地位の安定を確保する制度として重要視された。結婚式は、経済的利害を保証する契約書を作成する場であり、「死が2人を分かつまで」離れないことを固く誓うために執り行なわれた。

　イギリス国教会でも、結婚式は大きな祝い事として何ヶ月もかけて準備される。「純潔」を意味する花嫁の白いドレスに合わせ、頭やドレスの飾り、ブーケにも、同じく「純血」を象徴する白く香り高いオレンジの花が伝統的に用いられた。「永遠の愛」を意味する常緑のキンバイカの葉、「幸運」のための白いヒースの小枝も使われる（**Fig.2**）。またホニトンやブリュッセルレースで作られたベールには、ティアラやダイヤモンドのヘッドバンド、もしくはマーガレット、ハチ、蝶、星の形をしたダイヤモンドのブローチが飾られ、手首には母親、父親、兄弟や姉妹など、離れてしまう家族を描いたミニアチュールのついたブレスレットが嵌められた。

　着飾った花嫁は、ブライドメイド（付き添いの若い女性）たちと、有名な絵画を真似た服装をした幼い少年に付き添われ、祝賀ムードを高めた。友人や親族たちは、銀食器、陶磁器、ガラス、リネン、家具を贈り、花嫁は既婚女性にふさわしいひかえめな宝飾品を贈り物として受けとった。宗教的な契約式の後にひらかれる披露宴では、ウェディングケーキが客に配られると、贈られた宝飾品とプレゼントが披露される。こうした王侯貴族の結婚式は、一般市民の関心

Fig.2
ヴィクトリア女王とアルバート公の結婚式
1840年　*The Belle of Fashion*
花嫁は白いドレスとレースベール、キンバイカの葉のオレンジブラッサムを身につけ、結婚指輪を受け取ろうとしている

Fig.3
ターコイズがパヴェセットされた鷲のブローチ
1840年　ベドフォード公爵夫人蔵
アルバート公によってデザインされたコーブルク家の徽章

を集め、結婚式の内容、衣装、たくさんのプレゼントの詳細が新聞にたびたび掲載された。

　また花婿からブライドメイドたちに宝飾品をプレゼントすることもあった。アルバート公はヴィクトリア女王との結婚式で、12人のブライドメイドたちに、自分の出身のコーブルク家

の鷲の徽章（爪で真珠をつかんでいる、ターコイズのパヴェセット **Fig.3**）を贈ると、同じように良家出身の男性たちもそれを真似て、自身の家の紋章をとりいれながら、ブローチや小冠、ロケットを贈るようになった。ほかにもキューピッドの弓矢、ハート、縁結びの愛のモチーフなどに人気が集まり、モノグラムと合わせてデザインされたブローチや指輪、ペンダントも贈られた。さらに特別な引き出物として、花嫁のドレスの一部、髪、家族と友情のつながりを強調するモノグラム入りの夫婦の肖像なども贈られた。

2）哀悼

1857年に叔母のグロスター公爵夫人が亡くなったとき、ヴィクトリア女王は黒い花のブーケを手に、黒いシルクドレスと黒い羽根、ジェットの王冠をかぶって現れた。死者を哀悼する気持ちをあらわすその姿は、国民の喪に服す習慣と重なる。

61年に未亡人となったヴィクトリア女王は、自分の命が尽きるまで黒い衣装を着つづけたが、女王であることを示す「メアリー・ステュアート」型のキャップで覆ったベール（P.199-**Pl.11**）は、つねにダイヤモンドで輝いていた。87年から王室に仕えはじめた若きメアリー・アディーンによると、女王の世話をする侍女たちはつねに黒い衣装を着用していたが、若い女官については、白、灰色、藤色、そして紫の衣服の着用が許されていたようだ。

こうした地味な服装は、ジェット、スティール、オニキス、黒エナメルやボグオークなどで作られた櫛、ヘアピン、エイグレットティアラ、ネックレス、ロケット、イヤリング、ベルトバックル、ブレスレットといった宝飾品で補われていた。

黒檀のように黒く固いボグオークは、アイルランドの泥炭湿原で掘られたものを使用している。またイギリス北部のウイットビー近くの崖で採れるジェット（流木の化石）も、軽くて固さがありながら艶があり、どの産地のものより人気があった。おかげでウイットビーのジェット産業は、1850年から73年までのあいだに、50から200に工場の数を拡大し、急成長を遂げた。国内市場だけではなく、海外へも輸出するほどだった。

ジュエリーのモチーフやテーマ

1）歴史主義

黄金時代への憧れは、ロマン主義を讃えた中世に端を発し、ドイツのノヴァーリスや、スコットランドの歴史に取材したウォルター・スコット、ギリシア独立戦争に参戦したバイロンらの文学に象徴される。

歴史に興味のあったヴィクトリア女王は、アルバート公とともにテューダー家、スチュアート家、ハノーファー家の先祖たちのミニアチュールを何時間も楽しみながら眺めていたという。若い頃には、2人はバッキンガム宮殿で大規模な仮装舞踏会を3度も開いた。

初めて開かれた1842年の舞踏会のテーマは「中世」で、アルバート公はフランスとの間に百年戦争をおこしたエドワード3世、ヴィクトリア女王はエドワードの妻フィリッパ王妃となって出席した。招かれた客たちも14世紀風のドレスやフランドルの毛織物、宝飾品を身につけた。1845年に開かれた2回目の舞踏会では「ジョージ2世の宮廷」が再現され、女王は18世紀風の華やかなドレスを身にまとい、髪粉をふりかけ、ダイヤモンドのジュエリーを身につ

けた。客たちは到着すると馬車の窓を下げ、宮殿の外でうっとり眺める群衆にその豪華な衣装を見せびらかした。1851年の万博と同じ時期に開かれた3回目の舞踏会は、「ルイ16世時代のヴェルサイユ宮殿」がテーマとなり、金糸、銀糸で刺繍されたレースに飾られたシルクやサテンのドレスに、いっそう豪華な宝飾品が彩りをくわえた。

そうしたなか、過去のスタイルの宝飾品を求める需要は高まり、金細工職人とエナメル職人たちに伝統的な技術を研究させることになった。博物館や写真資料のギャラリー、展覧会などで古い宝飾品や衣装のイラストなどが展示されると、それらは格好の見本となった。

宝飾品への趣向は、当時のイギリスの植民地拡大による繁栄のさまを象徴していたともいえる。1869年、スエズ運河が開通すると、イギリス国内ではナイル・エジプト文明への興味が再燃し、エジプトの神と女神、ファラオやスカラベが描かれた宝飾品に注目が集まった。さらに地中海域の考古学的発掘によって見つかったギリシア、エトルリア、ローマの宝飾品のなかでも、月桂樹やパルメットをデザインした金の装飾品が人気を集め、考古学的に縒り線細工(フィリグリー)や粒金細工(グラニュレーション)を研究・再現する金細工職人の先駆者カステラーニなどが現れた。

またスコットランドやアイルランドの古き伝統が失われないよう、学者たちがケルト文化の復活に邁進したこともあり、ロイヤル・タラ、ハンターストン、テンプル騎士団などの過去の資料にあたったブローチの復刻品が製造された。それは51年と62年にロンドンで開催された万博で展示され、ヴィクトリア女王みずからカシ

Fig.4 (No.130)
通称「デヴォンシャーパリュール」の描かれたエッチング(手彩色による) 1862年
合計で7種の装飾品に、88個におよぶローマやルネサンス時代を想起させるカメオとインタリオが、エナメル装飾の施された金枠に嵌められている。C.F.ハンコック社が第6代デヴォンシャー公爵のために制作した

ミアショールを飾る装飾品として購入した。

ヘルメットや槍、剣を装備して馬に乗る騎士の姿を表わしたブローチやピンもまた騎士道への敬意を反映するもので、「中世」にインスピレーションを受けたさまざまな宝飾品同様、十字架の人気も依然として高かった。16世紀のもっとも有名な遺物のひとつであるスコットランドの「ダーンリー・ジュエル」が女王の手に入ると(1843年)、アルバート公はその時代への興味をそそられ、その年のクリスマスには、古めかしい飾り帯とピン、イヤリング、そして真珠を胸に抱いた人魚のついたエナメルとゴールドのパリュールセットを女王に贈った。現在、これはロンドンの博物館に保管されている。

1856年に作られたC.F.ハンコック社のデヴォンシャーパリュールとカメオ&インタリオのセットデザインも、こうしたイギリスにおける

ネオ・ルネサンス（過去のデザインの復興）様式の典型だった（**Fig.4**）。

当時の雑誌には、人々がこうした過去の遺物を流行にとりいれて魅力を感じる理由に、それらが「ホルバインの肖像画やチェッリーニの彫刻を思い出させる」だけでなく、歴史を遡ることで「ずっと昔のラムセスの王宮に暮らした女性や、ニネヴェの哀れな娘たちを喜ばせたと思われる宝飾品に似た飾り」を身につけている気分になるからだろう、と書かれている。

2）センチメント（感傷）

日常的に身につける宝飾品は、愛情や友情を表現するためのものが多く、肖像を描いたミニアチュールや髪の束を納めたものなどと組み合わせて持ち歩かれることもあった。なかでもポピュラーなモチーフはハートで、ターコイズや明るくエナメル加工されたハート形のロケット、パヴェのペンダントを、ブレスレットや首からかけたリボンにぶら下げ、ときにはそこに鍵や南京錠をくわえた。

円環を描く指輪やブレスレット、ブローチなどは「記憶」と「貞節」を象徴することから、そこにさらに意味をもたせる装飾モチーフをくわえ、花言葉をもつ植物、忘れな草（私を忘れないで）や蔦（永遠の愛）、パンジー（私を想って）などがデザインされた。蛇のモチーフには、1匹のもの、尾を口に入れているもの、2匹が絡み合って結び目を作っているものなどがあり、「人間の寿命より長生きする愛」という意味が込められている。蛇の柔らかい体はらせん状に巻きつき、指輪やブレスレット、ブローチやイヤリングの装飾に使われた。

そのほか鳥のモチーフでは、くちばしを重ねる2羽の鳩が恋人同士を、巣のなかの真珠の卵を見守る鳩が子供の世話をする母親を表わした。愛する人のミニアチュールは、瞳だけであったり、天使として描かれた子供であったり、ロケットのなかに隠されていたり、人目につくように飾られたり——といくつかのパターンがあった。

ヴィクトリア女王が婚約を決め、大臣たちの前で結婚を発表したときも、その手首にはアルバート公のミニアチュールが描かれたブレスレットが嵌められていた。「手首に彼の存在を感じることによって、公の義務を果たす勇気が与えられる」と女王は述べ、つねにそのブレスレットを身につけていた。1860年代以降は、写真も大切にされ、ブレスレットやロケットに納められた。このような隠された意味をもつ身近な宝飾品は、ヴィクトリア女王とその家族、子供たちの間にも、膨大な宝飾品のコレクションとなって遺されている。

3）自然

宝石職人は、夜会用の宝飾品のモチーフを自然界に求めた。バラ、ユリ、デイジーといった庭に咲く花、オークや月桂樹、さまざまな昆虫からインスピレーションを得た。エナメルで加工された色石で飾られた甲虫、ハチ、蝶なども作られ、髪に飾ったり、ネックラインのレースの襟飾りにピンで留められた。色石は鳥の鮮やかな羽根の色をも再現し、頭に飾られるとまるでそこに舞い降りたかのように見えた。空に輝く三日月、星、太陽もまたモチーフとなって、そのほとんどがダイヤモンドで飾られた。

4）スポーツ

イギリスの宝飾品のなかでもスポーツをテーマにした宝飾品は独創的で、他国より抜きん出

たものがある。

当時、アーチェリーはたいへんな人気で、歴史主義のブームから貴族たちは田舎の屋敷にバナーを持ちこみ、ラッパやパレードまで用意して、ダンスとディナーを楽しむ中世の競技会を再現した。そこには女性競技者の参加も許され、彼女たちの衣装にも趣向が凝らされた。ベルトとレースのついた緑色の衣装で、襟元はひらかれ、ほっそりと主張した腰のくびれが女性の長所を引き立たせた。優勝者には宝飾品が贈られ、ヴィクトリア女王も主賓として宝飾品を授与している。「その精妙に細工された上品なチェーンには、赤いエナメルの鳥、輝くダイヤモンドの矢、ゴールドと真珠の房飾り、文字が刻まれた装飾品がついている。房飾りはベルトと同じ緑色で、射手が矢をきれいに拭くのに使用された」(『イラストレイテッド・ロンドン・ニュース』、1845年)。

キツネ狩り全盛であった当時、男性はキツネの頭、乗馬鞭、狩猟用ラッパ、馬の頭、馬蹄など「幸運」を意味するモチーフがついたクラバットのピン、スカーフのスタッド、カフスボタンを身につけた。さらにピンに合わせて、お気に入りの猟犬や勝馬の名前などが彫られたシルバーのボタンを衣装につけた。1840年以降に製造されたスカーフとタイ用のピンには、実物をモデルにした馬、犬、雄ジカやキツネの頭部が象牙で彫られ、エナメル加工されて付属している。この技術を用いた芸術的職人たちにウィリアム・エセックス、J. W. ベイリー、そしてW. B. フォードらの名が挙げられる。

女性たちは乗馬服にスポーツ用の宝飾品を合わせ、宿泊中のカントリーハウスで何度も衣装を着替えるため、数多くのオリジナル・アクセサリーを必要とした。そうした需要もあって、

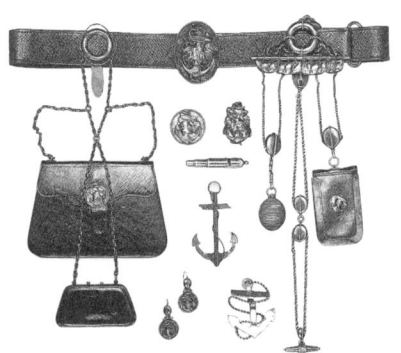

Fig.5
酸化させた銀に帆、錨、救命具、滑車などヨットにまつわる装飾が見える
1860年頃　ローズベリー伯爵・伯爵夫人蔵
銀行家のロスチャイルド家の娘が、父親のヨット「ツァリナ」号で出かけた際に身につけた

一流宝石商は、毎年新しいデザインを発表するよう促され、キジやライチョウといった狩猟鳥や、面白いものではインドから輸入された虎の爪でマウントした虎の頭部までデザインした。

ある方面では、そうした新奇なデザインに批判的なムードもあり、『アート・ジャーナル』誌(1872年)がハンコック社を「鞍、馬勒、鐙付きのムチ、馬蹄、そして馬の一部がついたゴールドのネックレス、ブレスレット、そしてイヤリングのセットを発表したことは、技と才能のとんでもない濫用であり、信じがたいことだ。そのような恥ずかしい宝飾品を身につける女性たちもまた信じがたい」と批判することもあったが、スポーツというジャンルの宝飾品に、人々は魅力を感じていた。

球技やヨットなど、ほかのスポーツへの関心が高まると、これもまた宝飾品に反映された。エドワード・ストリーターが1896年に出した

カタログには、球投げやクリケット、ポロをする選手を描いたカフスボタンが登場し、自転車、スケートブーツ、テニスラケットの形をしたゴールドブローチなどが特集された。そしてクイーン誌でも「ゴルフが人気」という記事（1890年）に、ボールとゴルフクラブが交差したデザインのブローチが留められた緋色のジャケットや白いスカートに、シルバーのベルトバックルをしめる女性の姿などが紹介された。ヨットの所有者は個人の旗やクラブ名を示すブローチ、錨やライフセーバーのブローチなどを身につけた（Fig.5）。

5）旅行の土産
A）スコットランド

1842年に初めてアルバート公とともにスコットランドを訪れたヴィクトリア女王は、すぐさまこの土地の虜となった。「静けさ、野生、自由、そして孤独ともいえる人里離れたこの土地はなんとも魅力的……」と記し、以来、第二の故郷とした。

タータン地の製造を促進しようと、女王は数多くのサッシュやベルト、スカーフ、ベスト、リボン、スカートや格子模様の土産品を作らせて、子供たちと一緒に自身も公の場で身につけるようにした（Fig.6）。また、色とりどりのビー玉やスコットランド産の明るい黄水晶が嵌め込まれた銀の宝飾品の製造も奨励した。

スコットランドのアバディーンシャーにあるレティー社は、バルモラル近辺の丘陵地で見つかる花崗岩を利用して幾何学模様の装飾品を作ったり、アルバート公が仕留めた雄ジカの歯を使ってドングリ型のイヤリングを作ったりもした。こうした地域に根ざしたデザインのジュエリーも数多く、モチーフにはスコットランドの伝統的なものを使用している。例えば、アザミ、バックル付ガーター、聖アンドリューの十字架、バグパイプやハープのミニアチュール、そして首領がもつ丸い盾や短剣、剣、そのほか角で作った火薬入れなどである。

鉄道の開通と発展によって、絵のような風景と歴史的情緒を求める多くの人々が、スコットランドへ旅するようになった。作家ウォルター・スコットの小説もまた、その旅にリアルな魅力を与えたことだろう。

B）海外旅行

鉄道と道路の整備によって大陸が拓かれると、それまではなかなか足を運ぶことのできなかった場所へも裕福なイギリス人ならば行くことができた。旅行の土産物には伝統的な地元の名物か宝飾品が購入された。彫刻された象牙のブロ

Fig.6
スコットランド休暇滞在中のアルバート皇太子（後のエドワード7世）とアルフレッド妃
1849年　レオン・モレル　大英博物館蔵
スコットランドの肩掛け、キルト、グレンガリー帽、短剣、タータンチェックのニーソックスを着用している

ーチやブレスレットはドイツの温泉地の土産物として人気があったし、民俗衣装を着た少女や山や湖を描いたエナメル製品は、スイスの土産物に最適だった（**Fig.7**）。

イタリアでもさまざまな土産物が販売された。ヴェネツィアではガラス玉、ナポリ、ジェノヴァ、リヴォルノでは珊瑚のビーズ。フィレンツェでは大理石を使ったモザイク。ローマでは、ハードストーンや貝殻からできたカメオやモザイクによるジュエリーなど。ローマのスペイン広場には、トンマーゾ＆ルイジ・サウリーニ率いる貝殻職人たちがおり、宝飾品のほかにも肖像画や街の風景、宗教画や名作絵画作品の複製品を制作していた。

とくに人気があったのは、ヴェスヴィオ山で採れたオリーヴグリーンとクリーム色の溶岩に、ダンテ、ペトラルカ、ミケランジェロ、ティツィアーノといったイタリア芸術の巨匠らの胸像を彫った宝飾品などで、とくにイタリア統一運動の支持者やイタリア文化を愛するイギリス人たちに好んで身につけられた。

アレクサンドラ王妃の影響

デンマークの王女アレクサンドラと、皇太子エドワードの結婚式直後、『イラストレイテッド・ロンドン・ニュース』誌が「正式な儀式において、何千人もの人々の注目を一身に浴びることほど恐ろしい試練はない」と述べ、「ただ真面目に面倒な義務を果たすのでなく、まるで心から楽しんでいるかのように魅力的に易々とこなした」とアレクサンドラ妃の姿（**Fig.8**）を称賛している。

彼女は背が高く、優雅で上品な女性であった。白や深紅色、淡いピンクから青いドレスまでつ

Fig.7
スタフォード伯爵夫人の肖像
1860年頃　ジョン・メルシエ　スコットランド・ナショナル・ポートレート・ギャラリー蔵
スイスの山と湖の風景が描かれたエナメルブローチをレースの襟にとめている

Fig.8
ウィンザーにあるセント・ジョージ礼拝堂で行なわれた皇太子（プリンス・オブ・ウェールズ）とアレクサンドラ妃の結婚式
1863年　H.H.ラッセル＆R.ダッドレー
未亡人となったヴィクトリア女王が祭壇横の王室専用の高座から見おろしている

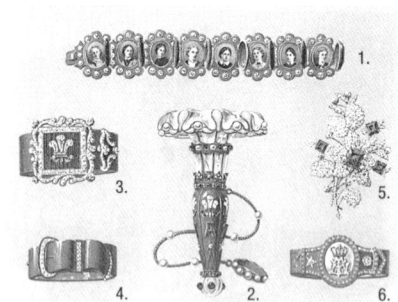

Fig.9
プリンセス・オブ・ウェールズ（皇太子妃アレクサンドラ）の結婚御祝品を描いたエッチング　1863年　個人蔵
1. ブライドメイドのミニアチュール付ブレスレット、2. 皇太子の紋章が施されたブーケホールダー、3. プリンセス・オブ・ウェールズの羽根付ブレスレット、4. ガーターブレスレット、5. ダイヤモンドとエメラルドの花のブローチ、6. ヘッセン大公と大公妃のイニシャルが施されたブレスレット

ねに完璧に着こなし、衣装にぴったりの宝飾品を選んで身につけた。花婿、彼の家族、そして自分の家族から贈られたプレゼントは、彼女のコレクションの中心となり (Fig.9)、ほかにもロンドン市から贈られた一連のゴルコンダ・ダイヤモンドや、大工業都市リーズとマンチェスターに暮らす婦人たちから贈られたブレスレットなどがあった。1888年の結婚25周年の祝いにも豪華な宝飾品が贈られた。

皇太子妃となったアレクサンドラはつねにダイヤモンドを輝かせていたわけではなく、愛国的な行事ではウェールズやスコットランドの人から贈られた国章のついたもの、デンマークのケルトやバイキングの装飾がついたものを身につけた。多くの女性が彼女のドレスを真似るように、彼女が身につける宝飾品を真似る人も少なくなかった。オパールやアメシストを彼女がファッションにとりいれれば、人々も同じようにそれらを購入し、逆にアレクサンドラ妃がもしバーミンガムの宝飾品製造者たちに頼まれれば産業の再生にも協力しただろう。

王室の園遊会でも彼女のファッションは話題となり、『イラストレイテッド・ロンドン・ニュース』誌にも以下のように書かれている。「王室ファッションが流行りだして、人々に真似られる速度には驚異的なものがある。アレクサンドラ妃がボンネット帽に1,000ポンドもの価値あるダイヤモンドを飾ると、すぐさま数人の貴婦人たちが園遊会、結婚式、そのほかの上流階級の集まりに、似たようなファッションをして登場する」(1887年)。

おわりに

未亡人となり年をとっていくと、ヴィクトリア女王は次第に公的行事から身を引くようになった。すると、皇太子エドワードと結婚した若く華麗なアレクサンドラ妃（デンマーク王女）に国民が惹かれるようになり、女王に代わって彼女のファッションが注目を集めるようになる。

けれどもアレクサンドラ妃は、どんなに人々から称賛されようとも、大帝国を支配し、威厳をもって公務を行なった女王、良き妻、良き母であったヴィクトリア女王の存在に影を投げかけることはけっしてなく、それは誰もが認めるところであった。

ヴィクトリア女王の伝記をお読みになられた明治天皇の皇后・美子様が、彼女を手本になさったことは、女王の世界的名声を語るすばらしい一例であろう。

翻訳：和仁りか

ヴィクトリアン・ジュエリー

穐葉昭江
穐葉アンティークジュウリー美術館長

宝飾品の歴史

　宝飾品は古代より呪術の対象であり、身を飾ることで護符としての役割を担ってきました。中世には、王の権威や精神的、宗教的な象徴として、そしてルネサンス期になって初めて個人の美意識を反映するものとなりました。その後、バロック、ロココと華やかな宮廷文化の時代を経て、1789年のフランス革命以後、宝飾文化の中心はフランスからイギリスへと移り、ヴィクトリア時代に女性自身を美しく見せる自己表現としての装身具の世界が花開いたのです。

　英国文化は貴族文化といっても過言ではなく、18世紀までは莫大な富をもった貴族が時代を担い、宝飾品も特権階級だけのものでした。しかし19世紀に入り、産業革命によって台頭してきた資本家層の需要の増加にともない、ヴィクトリア時代にはそれまでにないほどの質と量の装身具が作られるようになったのです。産業革命は著しい技術の発達と、宝飾貴金属の発見、さらには世界各地での古代遺跡の発掘をもたらし、装身具の世界にも多大な影響を与えました。

　もちろんファッションの世界でも1789年のフランス革命を機に大きな変化がみられ、貴族の男性ファッションが流行の中心だった時代から、女性の時代となり、以後モードといえば女性のファッションを意味するようになったのです。ファッションと深い関係をもつジュエリーも、富と権力の象徴から、女性が身につけて楽しむ存在となり、衣裳のデザインやヘアスタイルとの関わりがより深くなりました。身につけられる装身具のアイテムは、衣裳に付随した形で変化し、女性を美しく見せるための自己表現の一部となったのです。そしてヴィクトリア時代に、広く一般の人々が身につける装身具が誕生し、現代の装身具の基礎となるデザインや技法、身につけ方などが生み出されました。

ヴィクトリアン・ジュエリーの特徴

　ヴィクトリアン・ジュエリーの特徴を一言で表すならば、素材やデザイン、そして技法の多様性にあるといえます。19世紀初めまで、ジュエリーに用いられた素材は限られており、稀少価値の高かった金や宝石は、流行遅れになったジュエリーを作り変えることによってまかなわれていました。しかし、19世紀半ばのカリフォルニアやオーストラリアの金鉱山をはじめ、南アフリカのダイヤモンド鉱山など、新しい鉱山の発見が相次ぎ、素材が豊富になりました。さらに蒸気機関による交通網の発達により、世界各地から珍しい素材がもたらされ、異国趣味を反映し、宝石、貴金属以外のさまざまな素材を用いたジュエリーが登場したのです。

　また、ポンペイの遺跡をはじめ、北アフリカや中近東での考古学的発見は、人々に衝撃とデ

ザインのもととなるインスピレーションを与えることとなり、世界各地の文明の影響を受けた多種多様な作品が作られるようになりました。同時に過去の失われた技法の再現という試みへと人々を駆りたてたのです。こうして豊富な素材とバリエーションに富んだデザイン、現代では再現不可能といわれる技法を駆使したジュエリーが誕生しました。

ヴィクトリア時代の主役
── ゴールドジュエリー

　1837年、ヴィクトリア女王の即位に合わせるように平和と繁栄によってもたらされた富は、装身具のなかでも「ゴールド」の宝飾品に代表されるようになり、ゴールドジュエリーがヴィクトリアン・ジュエリーの主役となりました。金が稀少だったジョージアン時代に生み出されたカラーゴールドをはじめ、カンティーユ細工やレポゼ細工といった優れた技術を駆使して素晴らしい宝飾品が作られたのです。

　デザインのモチーフは当時の自然主義を背景に自然界へと広がり、花や小枝、鳥などがいっそう生き生きと描写されました。また考古学的発見の影響を受けた作品は、アルジェリア独特の飾り結びタッセルや、アラベスク模様、アッシリアのニネヴェの発掘品から蓮の花などが人気のモチーフとなりました。その後ローマ時代の金細工が注目され、とくに古代エトルリアの金細工は、カステラーニらによって再現が試みられ、失われた技法であったグラニュレーションが復活したのです。

　ブラという古代ローマの貴族の子供たちが魔除けとして身につけたペンダントや、フィブラと呼ばれる古代ギリシアの衣服を肩で留めるためのブローチ、そして両手付きのアンフォラ（壺）といった古代のモチーフが人気を得て、ほかの新しい創作的なデザインに登場の余地を与えないほどでした。エトルリア風の装身具の流行はとくにイギリスで広がり、カステラーニやジュリアーノといった優れた宝飾家たちによっても作られました。これらの金細工は、カメオやモザイク、エナメル等のフレームとしても幅広く用いられています。

グランドツアーがもたらした
ジュエリー

　一方、グランドツアーの影響で、ヨーロッパ各地のジュエリーがイギリスに持ち込まれ、さまざまな流行を生み出しました。グランドツアーとは、当時貴族階級の子弟の間でさかんに行なわれたもので、教育の仕上げとして家庭教師をともない、旅行することです。フランス語やラテン語の習得と、ヨーロッパの芸術や文化に触れ見聞を広めるためのもので、イタリアやフランスへ2年から3年かけて滞在しました。鉄道網の発達は、人々に多くの都市をめぐらせ、各都市で親しんだ美術工芸品はイギリスへの土産品となってもたらされ、彼らの生活のなかに広がってゆきます。美しい情景や風景の描かれたスイスやフランスのエナメルは小さな美術品として珍重されましたし、なかでもイタリアのカメオやモザイクは圧倒的な人気で、それを模したイギリスの貴族好みの作品が、あらゆる素材で数多く作られたほどでした。

　カメオはそれまで男性の権力の象徴でもありましたが、多くの人々の手にするところとなって、しだいに女性の装身具へと変化してゆきます。モチーフも貴婦人の肖像や、ダイアナなど

の優雅な女神が主流となり、古典的なテーマも叙情的表現に変わってゆきました。

また、モザイクは素材も製作方法もまったく異なる、フィレンツェのフローレンスモザイクと、ローマのローマンモザイクが、精緻な細工で人々を魅了しました。ピエトロドゥーラ（固い石）といわれるフローレンスモザイクは、メディチ家の庇護のもと発展したもので、天然石の微妙な色の濃淡を上手に使い、石自体の美しさを生かした装飾的作品です。一方、ローマンモザイクは、非常に細い色ガラスの棒を隙間なく並べてモチーフを描いたもので、ヴァチカンで発達しました。手作りの極みともいうべき技法で作られており、高い芸術性をそなえた装身具といえます。

ワークス・オブ・アートジュエリー

ヴィクトリア時代の装身具の特徴をもっともよく表したものに、あまり高価ではない素材を用い、当時の職人の技によって仕上げられた装身具があります。イタリアに次ぐ人気の観光地スコットランドでタータンチェックに合わせて作られたスコティッシュ、べっ甲に金銀を象眼したピクウェ、古代より魔除けとして身に着けられたジェット、繊細な細工をほどこしたアイボリーなどです。

また18世紀、ダイヤモンドが宝石としての地位を確立したことにともない、代用品として登場したペースト、マルカジット、カットスティールなどもあります。鉛を多く含んだペーストは、研磨すると優れた輝きと透明感を放ち、とくに好まれ、財産を防衛するための装身具としての役割も担いました。マルカジットは黄鉄鉱石を6面体にカットし銀台に嵌め込んだもの

で、現代でも人気のある素材です。またカットスティールは小さな鋲状の鋼に多くの面をカットし、薄い金属板に鋲留めしたもので、どちらも金属ならではのシャープな輝きが魅力となっています。これらは素材自体に魅力があり、また宝石と同じように細工されたことから、幅広く愛用されました。貴石で作られたジュエリーは、流行に合わせて作り変えられることも多く、代用品のジュエリーは当時のデザインや技法を知る上でも貴重な作品といえます。

センチメンタルジュエリー

もう一つ忘れてはならないものに、人々の個人的な愛情や思い出を表現した、センチメンタルジュエリーといわれる世界があります。センチメンタルジュエリーを作ることはステータスシンボルであり、愛情を表現したもの、故人を偲んだもの（モーニングジュエリー）など、特別な意味をこめたさまざまな装身具が作られました。これらはデザインの形状をはじめとして装飾モチーフ、素材とジュエリーを構成するすべての要素に固有の意味がこめられており、贈る人と贈られる人、あるいは身につける人と見る人との間で独特の感情のやりとりが行なわれたのです。

とくに19世紀には、贈り物や持ち物を通じて、個人的な感情や思いを伝えるメッセージジュエリーが大流行しました。その代表的なものが、宝石の頭文字の綴りによる文字遊びと花言葉にちなむものです。宝石の文字遊びは、1812年フランス皇帝ナポレオンの后マリー・ルイーズがロシア遠征に出たナポレオンの留守中に、二人の誕生日や結婚記念日を表した3本のブレスレットを作ったことが始まりといわれています。

宝石による文字遊びは間接的な表現が時代の風潮に合い、イギリスへも伝わり人気となりました。もっとも多く用いられたのが「リガード」装飾で、ルビー、エメラルド、ガーネット、アメシスト、ルビー、ダイヤモンドの頭文字を並べると「REGARD」となり、英語で敬愛、好意、ひいては愛情を意味する言葉になるというものです。

また18世紀、ジョージ3世の時代、プラントハンターにより、世界中の植物がイギリスにもたらされ、一大園芸ブームが起こりました。人々を魅了した花々はさまざまな形でジュエリーのモチーフに登場し、19世紀初期の自然主義を背景に、花や葉が立体的かつ表情豊かに表現されたのです。また花言葉の研究もさかんに行なわれ、花はメッセージを伝える重要な役割を担うようになりました。英国の象徴であるバラは「愛情」を示しますが、その種類によりそれぞれ違った意味を持っています。また、忘れな草は「真実の愛」、スズランは「幸福の再来」、ライラックは「愛の芽生え」といったように意味が込められます。そして、これらの花を組み合わせてリボンで結んだ花束は、最大級の愛情表現として用いられました。

一方、人々の別れを哀しむジュエリーはモーニングジュエリーと呼ばれ、とくに大切にされてきました。モーニングジュエリーとは、喪に服する期間に故人を偲んで身に着けられた装身具を指します。髪の毛を納めたロケットや、ブラックエナメルがほどこされたリングなど、精巧な作品が多く、独自の世界を作っています。

1861年に最愛の夫アルバート公を亡くしたヴィクトリア女王は、次第に国政から身を引き、在位50周年の頃までの約25年間という長い歳月を喪に服していましたが、アルバート公の肖像を描いたミニアチュールブレスレットと、髪の毛を入れた小さなロケットは、生涯身につけたといわれています。

また、漆黒の宝石ジェットは、19世紀のモーニングジュエリーとして、欠かすことのできない存在となりました。当時、既婚女性は幼児の死亡率の高さや、親族の喪中の期間が長かったこともあり、一生のかなりの期間を喪に服していたといわれており、1870年代の写真に写った女性のほとんどがジェットを身につけているほどです。ジェットは「喪に服することが何よりも美徳である」という時代背景のなか、宮廷や上流社会、さらには子供たちの嫁ぎ先であるヨーロッパ諸国でもモーニングジュエリーとして定着したのです。

ファッションリーダーとしてのヴィクトリア女王

ヴィクトリア女王は、イギリス国内はもちろんのこと、ヨーロッパ中の人々の憧れの的であり、ファッションリーダーでもありました。女王は、装身具を大変好み、機会あるごとに気に入った装身具をロイヤルギフトとして贈ったことから、人々の間にもプレゼントを贈るという流行が生まれたのです。ヴィクトリア女王が愛した宝石やデザインが流行を作り、それがまたヴィクトリアン・ジュエリーの特徴にもなりえた――しかし女王の歴史からの退場とともに、時代の大きな変化のなか、作られなくなってしまったジュエリーも数多く、女王の存在の大きさを物語っています。

序章
ヴィクトリア女王の愛

　イギリスには、「女王の時代に国が栄える」との言い伝えがありますが、歴史上もっとも繁栄を極めたのがヴィクトリア女王の治世でした。女王は、1837年18歳の若さで即位し、約64年の長きにわたり、世界を制覇した大英帝国に君臨しました。1840年に同族結婚とはいえ、女王が想いを寄せていたアルバート公と結婚し、「平和な家庭の象徴」としてイギリス王室の理想の姿を示し、その様子は雑誌や新聞に掲載され、さまざまな階層の国民に伝わり身近な存在となりました。

Pl. 1
《戴冠式のヴィクトリア女王》
1838 (1863) 年
サー・ジョージ・ヘイター
ナショナル・ポートレート・ギャラリー蔵

女王は君主であると同時に一人の女性であり、妻であり、母であり、家庭生活の模範でもありました。それは『ヴィクトリア女王』の著者リットン・ストレイチイによれば、「落ち着いた生活を送ることを最大の望みとしていたアルバート公の意志を、ヴィクトリア女王が多忙にもかかわらず、尊重するよう心がけたところにある」といわれています。二人は君主という地位を忘れて過す場所に、新婚当初訪れて気に入っていたスコットランドを選びました。女王は自然の美しさに歓喜し、また「アルバート公の生き生きした姿に幸福でたまらなくなる」と日記に書いています。そしてアルバート公の設計によるバルモラル宮殿で過ごした日々が、自身にとってもっとも幸福な時間だったと回想しています。ここで寛ぐ二人の姿は国民たちの目にも親しく映ったことでしょう。スコットランドは人気の地となりました。また、ドイツから来て、寂しい思いをしているアルバート公を慰めるため、40年ウィンザー城に初めてクリスマスツリーが飾られました。48年にはツリーを囲む家族の様子が紹介され、ドイツの風習だったクリスマスツリーが英国中に広まったのです。

　アルバート公は、公私ともに女王を支え、卓越した政治手腕と、その人格で多くの政治家から一目置かれる存在となりました。そしてアルバート公の才能がもっとも発揮されたのが、51年に開催された第1回ロンドン万国博覧会でした。女王は「私とアルバートの勝利の日でした。我が生涯でもっとも幸福で誇らしい日です」と記しています。しかし、栄光も束の間、結婚21年目の冬、アルバート公は急死し、女王は表舞台から身を引いて約25年もの間喪に服したのでした。夫アルバート公との間にもうけた9人の子供たちは、ヨーロッパの王室と婚姻を結び、華麗なネットワークを形成し、女王は「ヨーロッパの祖母」と慕われたのです。自分の心のままに生きた女王の生涯は、幸福だったにちがいありません。

1. 若き日のヴィクトリア女王
The Young Queen Victoria
1842年頃　F. X. ヴィンターハルター工房　イギリス

成婚まもないヴィクトリア女王を描いた作品。ドレスはシルクサテンとホニトンレースを組み合わせたホワイトイヴニング。ヘアスタイルは、クロティルド風（à la Clotilde）と呼ばれるロマン主義を代表する当時人気の髪型で、中央より二つに分け、目尻の下から編んだ髪を耳のところでまとめている。後頭部にはコロネット（小冠）をつけ、さらに生涯身につけたといわれる金のハートロケットと、アルバート公から贈られた結婚指輪をつけている。イギリス最高勲章であるガーター勲章（左胸に星章、左腕に正章であるガーター勲章、左肩から右腰に青色の綬をかけて、「レッサー・ジョージ：イングランドの守護神、聖ジョージの竜退治の図」で留める）と、左手には1838年の戴冠式にフランス政府より贈られた美しいバラ「ラ・レーヌ・ヴィクトリア（ヴィクトリア女王）」をもつ。

Pl. 2 《ウィンザー城の光景》(ヴィクトリア女王、アルバート公、長女ヴィクトリア)
1843年頃　サー・エドウィン・ランジア　ロイヤル・コレクション蔵

3.　ケント公妃メアリー・ルイーズ・ヴィクトリア

Victoria of Saxe-Coburg-Saalfeld,
Duchess of Kent (Mary Louise Victoria)
1841年　イギリス　ヴィクトリア女王の母の肖像

4.　ヴィクトリア女王

Queen Victoria
1841年　イギリス

Pl. 3
《アルバート公》
1844年　ロバート・ソーバーン
ロイヤル・コレクション蔵

Pl. 4 《御家族》
1846年　フランツ・クサファー・ヴィンターハルター　ロイヤル・コレクション蔵

I

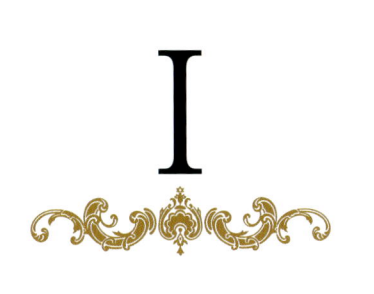

アンティーク
ジュエリー

ANTIQUE
JEWELLERY

セットジュエリー
SET JEWELLERY

　同一の素材とデザインで作られたひと揃いのジュエリー（ティアラまたは髪飾り、ネックレス、ブレスレット、ブローチ、イヤリング）をパリュール（Parure）といいます。とくに正装時のティアラは欠かせず、またブレスレットも同種のものが両方の手首に着用されました。

　ナポレオン１世が1804年の自身の戴冠式の折に、古代ローマ時代にならい、月桂樹を象るティアラを着用したほか、宮廷の女性たちにもティアラを着用するよう命じたことからも、ティアラが最高位のシンボルだったことがうかがえます。

　セットのアイテムが完全でない場合はスウィート（Suite）、アイテムが２種類のみの場合はセット（Set）と呼び区別します。とくにオリジナルの箱に納められた状態で、ひと揃いのジュエリーが残っている作品は大変珍しいといえます。

5. シトリン＆カラーゴールドパリュール
（ティアラ、ブローチ、イヤリング、
ペアーブレスレット、ネックレス）

Citrine and Coloured-Gold Parure
(Tiara, Brooch, Earrings,
Pair Bracelets, Necklace)
1830年頃　イギリス

6. エメラルド＆ダイヤモンド
   ゴールドセット

   Emerald and Diamond Gold Set
   1830年頃　イギリス

7. ピンクトパーズ＆
　　カラーゴールドスウィート

　Pink Topaz and Coloured-Gold Suite
　1830年頃　イギリス

8. ゴールドネックレス&イヤリングセット
   Gold Necklace and Earrings Set
   19世紀初期　フランス

9. パール＆ゴールドスウィート
（ネックレス、ブローチ、イヤリング）

Pearl and Gold Suite
(Necklace, Brooch, Earrings)
19世紀中期　フランス
ミキモト真珠島 真珠博物館蔵

ゴールド
GOLD

　イギリスの新世界への航海は、エリザベス女王の治世（1558～1603）からはじまります。東はインドや中国にまで植民地を増やし、女王によって特許をあたえられた東インド会社が世界貿易を一手に握ることになります。その目的のひとつには金の獲得がありました。

　以来つづく金への渇望は、ヴィクトリア女王の治世に実ることになります。国の繁栄を誇るかのように、イギリスの港には、金のほかにもダイヤモンドや象牙といったさまざまな資源が、植民地拡大によって大量に持ち込まれました。また北米大陸のゴールドラッシュやオーストラリアの金鉱脈発見により金の採掘量が飛躍的に増えたことも、その人気に拍車をかけました。金は宝飾品に形を変え、女王をはじめ、富を得た多くの人々がそれを身につけるようになりました。

　それ以前のジョージアン時代（ジョージ王1, 2, 3, 4世時代：1714～1830）には、ブラジルなどの新大陸に拠点を置くポルトガルやオランダ商人たちの手を経由していたため、イギリスにおける金はまだ稀少で、少量の金を効果的に見せる技法が考案されました。カラーゴールドをはじめ、カンティーユ細工、レポゼ細工、グラニュレーションといった技術が生まれ、小振りながらも繊細で重厚な強さを秘めた装身具が数多く作られます。

　また19世紀中頃の大英帝国には、植民地となった国々を考古学的に調査する動きも起こり、古代の遺物が宝飾品のモチーフとなることもありました。

●カラーゴールド
　金は純粋な状態で加工するのが難しく、より丈夫な状態にするため、いくつかの金属と合金される。赤みには銅を、青みには銀など異なる色を生み出すためにほかの金属と混合させ、純金に色のヴァリエーションをあたえた。（→Nos. 5,7,9,10,13,15など）

●カンティーユ細工
　イギリスに生まれた金の線条細工で、刺繍のような縁飾りをいう。（→Nos. 6,11,12,14など）

●レポゼ細工
　薄い金板を型抜きし、裏から打ち出すことで意匠に盛り上がりをもたせ、さらに彫りを施すことで、ふくよかな渦巻模様や紐、貝殻、花、葉の模様を作った。（→Nos. 7,11など）

10. スリーカラー
　　 ゴールドブローチ

Three-Coloured-Gold Brooch
1840年頃　イギリス

11. ピンクトパーズ＆
　　 クリソライトブローチ

Pink Topaz and
Chrysolite Brooch
19世紀初期　イギリス

12. ピンクトパーズ＆ゴールド
    マルティーズクロスペンダント

    Pink Topaz and Gold
    Maltese-Cross Pendant
    19世紀初期　イギリス

14. リガード
    マルティーズクロスペンダント

    REGARD
    Maltese-Cross Pendant
    1820〜30年頃　イギリス

15. ゴールドスプレーブローチ
Gold Spray Brooch
19世紀初期　イギリス

13. リガードパドロックペンダント
REGARD Padlock Pendant
1820〜30年頃　イギリス

（裏面）

● リガード装飾
　19世紀初期のセンチメンタリズム（感傷主義）に呼応する装飾方法。宝石を並べて、その頭文字で単語を作り、意味をもたせて贈り物とする。Ruby（ルビー）、Emerald（エメラルド）、Garnet（ガーネット）、Amethyst（アメシスト）、Ruby（ルビー）、Diamond（ダイヤモンド）の順番で、「REGARD（敬愛）」をあらわす。

16. ターコイズ＆
　　ゴールドブローチ
　　Turquoise and Gold Brooch
　　1830年頃　イギリス

17. ブルーエナメル＆
　　ゴールドセット
　　（ロケットペンダント、イヤリング）
　　Blue Enamel and Gold Set
　　(Locket Pendant, Earrings)
　　1870年頃　イギリス

18. パール&ゴールドブレスレット
　　 Pearl and Gold Bracelet
　　 1850年頃　イギリス

19. ガーネット&
　　 ゴールドブレスレット
　　 Garnet and
　　 Gold Bracelet
　　 1860年頃　イギリス

20. ポーセレン＆
    ゴールドブローチ

    Porcelain and
    Gold Brooch
    1870年頃　イギリス

21. リバースインタリオ
    クリスタル＆
    ゴールドブローチ

    Reverse Intaglio
    Crystal and Gold Brooch
    1870年頃　イギリス

043

22. ゴールドブローチ&バングルセット
Gold Brooch and Bangle Set
19世紀中期　イギリス
カルロ・ジュリアーノ

カルロ・ジュリアーノ (伊)
Carlo Giuliano (1831〜95年)

19世紀半ば、イギリスで古代への熱がピークを迎えた頃、カステラーニに師事していたジュリアーノはカステラーニがロンドンで店を開くのに際しイタリアから移住し、古代ギリシアやローマスタイルの金細工を作った。移住当初はカステラーニ作品に似通ったものだったが、1874年には独立して店をもち、独自のスタイルを確立。70年代に考古趣味が廃れ、ルネサンス様式に注目が集まると、17世紀のフレンチエナメルに範をとったモノクロームの点と線で陰影を描く作品を生みだしたり、金環や真珠、精巧なエナメルで飾られた作品のレパートリーを増やし、一世を風靡した。(→Nos. 22, 35, 70, 151)

24. コイン&ゴールドブローチ

Coin and Gold Brooch
19世紀中期　イタリア
アレッサンドロ・カステラーニ

アレッサンドロ・カステラーニ & アウグスト・カステラーニ（伊）
Alessandro Castellani（1824〜83年）& Augusto Castellani（1829〜1914年）

金細工職人フォルチュナート・ピオ・カステラーニ（1793〜1865年）を創業者とする一族。19世紀初頭の考古学的発掘が進むなか、1836年のレゴリーニ・ガラッシ墳墓に代表されるエトルリア遺跡にあるような粒金（細金）細工された金の装身具を研究し、その技法を復元させた。その技法はグラニュレーションと呼ばれ、当時のデザインの潮流となった。二人の息子アレッサンドロは家業を継ぎ、アウグストもまた世界各地へとその作品を広めることに貢献した。（→ Nos. 24, 27）

045

**25. コーネリアンカメオ&
ゴールドペンダント**

Cornelian Cameo and
Gold Pendant
19世紀中期　イギリス
ジョン・ブローデン

ジョン・ブローデン（英）
John Brogden（1842〜85年活躍）

1842年から金細工師として働いていたが、64年に自身の名前で工房を継ぎ、「金細工の芸術家」として活躍する。51年のロンドン万博以来、考古学やルネサンス期の資料にあたり生みだした作品は、70年代までにパリやロンドンで開催された展示会で、数々の賞を受賞した。英国王室にも引き立てられ奨励された。
（→ Nos. 25, 52）

**23. パール&
ゴールドペンダント**

Pearl and Gold Pendant
1870年頃　イタリア
ニコラ・マルシェシーニ

27. コーネリアンカメオ&ゴールドブレスレット
　　Cornelian Cameo and Gold Bracelet
　　1870年頃　イギリス
　　アレッサンドロ&アウグスト・カステラーニ

26. ゴールドフィブラ
　　ブローチ
　　Gold Fibula Brooch
　　1865年頃　イタリア
　　エルネスト・ピエレ

エルネスト・ピエレ（仏／伊）
Ernesto Pierret（1824〜70年）

パリ生まれ。1845年よりローマに移り活躍。古代の金細工を再現した作品は、カステラーニ作品よりもオリジナルに忠実といわれるほど、その完成度も高い。

28. ガーネット&ゴールドブローチ
　　Garnet and Gold Brooch
　　1860〜70年頃　イギリス

29. エナメル＆ゴールドネックレス
Enamel and Gold Necklace
1870年頃　イギリス

パール

PEARL

　真珠のなかでも、当時のジュエリーに多用されたシードパールは、東方との貿易によってもたらされた「芥子」と呼ばれる非常に小さな真珠をさしました。さらに母貝である白蝶貝は、台座（ベース）としてデザイン通りにカットされ、そこに穴をあけたパールを白い馬の毛やガット、天蚕糸などで固定することにより、乳白色が美しい真珠と一体化したデザインを実現しました。

　またハーフパールとよばれる半球状の真珠も、当時数が少なく貴重な天然の真珠をカット・研磨することで作られました。その凹凸から生まれる輝きは柔らかで、デザインに優れた効果をもたらします。真珠はヴィクトリアン・ジュエリーのなかでもとくに愛され、この時代に花開いた素材といえます。

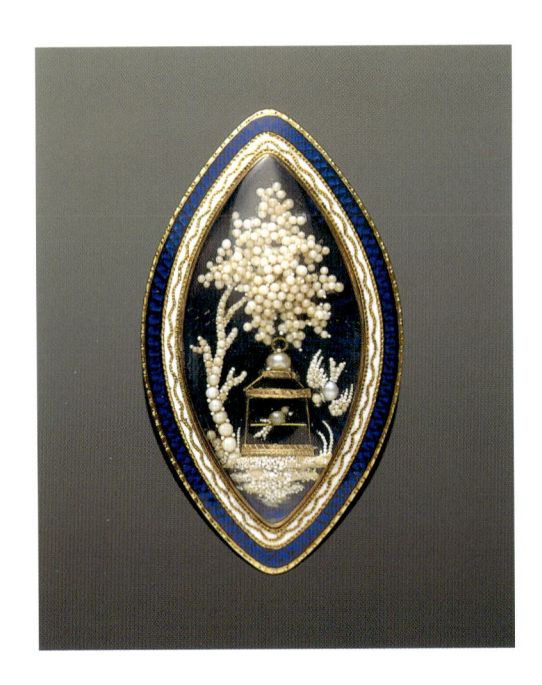

31. シードパール
　　 ミニアチュールブローチ
　　 Seed-Pearl Miniature Brooch
　　 1800年頃　イギリスまたはフランス

32. モスアゲート＆ハーフパールブローチ
Moss-Agate and Half-Pearl Brooch
19世紀初期　イギリス

34. シトリン＆ハーフパールブローチ
Citrine and Half-Pearl Brooch
19世紀中期　イギリス

35. ハーフパール＆ゴールドブローチ
Half-Pearl and Gold Brooch
1880年頃　イギリス
カルロ・ジュリアーノ

33. シードパール＆
    ゴールドブローチ

    Seed-Pearl and Gold Brooch
    1840〜50年頃　イギリス

30. バロックパールペンダント

    Baroque-Pearl Pendant
    19世紀初期　イギリス

36. シードパールティアラ

Seed-Pearl Tiara
19世紀初期　イギリス

(裏面)

37. シードパールティアラ

Seed-Pearl Tiara
1862年　イギリス
ロンドン&ライダー

38. シードパールパリュール
   (ティアラ、イヤリング、ブローチ、ネックレス)

   Seed-Pearl Parure
   (Tiara, Earrings, Brooch, Necklace)
   19世紀初期　イギリス
   ミキモト真珠島　真珠博物館蔵

39. シードパール
    ネックレス&
    イヤリング

    Seed-Pearl
    Necklace and
    Earrings
    19世紀初期　イギリス

40. ハーフパール&
    ダイヤモンド
    ネックレス

    Half-Pearl and
    Diamond
    Necklace
    19世紀中期　イギリス

41. ネックレス

Necklace
19世紀　フランス
ミキモト真珠島 真珠博物館蔵

ダイヤモンド
DIAMOND

　古代よりダイヤモンドは、類まれな硬さと稀少性によって珍重されてきました。宝石のなかでも中心的存在となったのは、18世紀に入りブリリアントカット技術が開発され、石本来の輝きが表現できるようになってからです。

　18世紀初めまではインドが唯一の産出国でしたが、1725年、ブラジルで鉱脈が発見されるとその産出量は増え、ヨーロッパへ持ち込まれて加工されたダイヤモンドは、さまざまな装身具となって大流行しました。さらに19世紀に入ると、それまで塞がれていたダイヤモンドの裏面をひらくオープンセッティングというより透明性と輝きを増すデザインの工夫もなされました。

　1870年代、アフリカ各地にダイヤモンド鉱山が見つかり、イギリス国内への供給量も増えました。それによってさまざまなデザインが生まれ、ダイヤモンドの人気は不動のものとなります。ヴィクトリア女王は1877年にインド帝国の皇帝になったとき、かつて世界最大といわれた「コ・イ・ヌール・ダイヤモンド」を手にしました。

42. ダイヤモンド
ネックレス

Diamond Necklace
18世紀初期

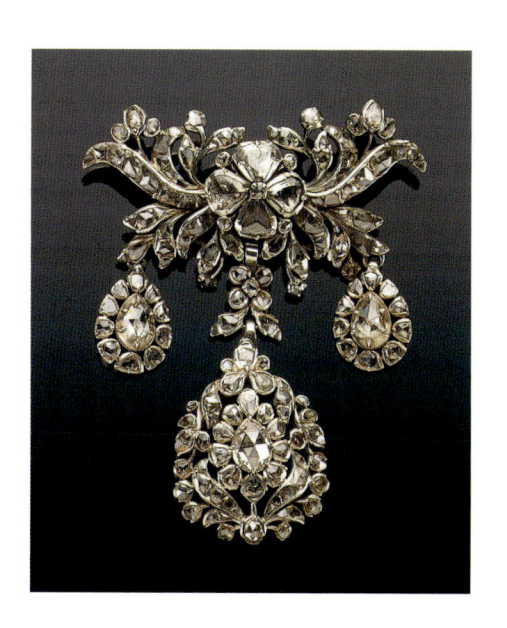

43. ダイヤモンド&
シルバーブローチ

Diamond and Silver Brooch
1750年頃　オランダまたはフランス

44. ダイヤモンド
コサージュ
オーナメント

Diamond Corsage
Ornament
1780年頃　イギリス

46. リング「ジャルディネット」

Ring《GIARDINETTO》
18世紀中期　イギリス
旧ヴィヴィアン・リーコレクション

「小さな庭」という意味のジャルディネットリングは、17世紀にイタリアで誕生し、18世紀のイギリスで自然主義を表現するデザインとして人気があった。

47. グリーンエナメル＆ダイヤモンドリング

Green Enamel and Diamond Ring
18世紀後期　フランス

48. ブルーエナメル＆ダイヤモンドリング

Blue Enamel and Diamond Ring
19世紀初期　イギリス

50. ダイヤモンド
スプレーブローチ

Diamond
Spray Brooch
19世紀中期　フランス

45. ブローチ

Brooch
19世紀　イギリス
ミキモト真珠島
真珠博物館蔵

49. ピンクトパーズ&
ダイヤモンドブローチ

Pink Topaz and
Diamond Brooch
1850年頃　イギリス

51. ガーネット&
ダイヤモンドペンダント

Garnet and Diamond
Pendant
1860年頃　イギリス

52. ホルバインスクペンダント

Holbeinesque Pendant
1870年頃　イギリス
ジョン・ブローデン

エナメル
ENAMEL

　エナメルは金、銀、銅などの金属板の上に、透明あるいは不透明なガラス物質（釉薬：鉱物質の微粉末）を焼き付けたものです。17世紀以降、デリケートな中間色で美しい肖像や風景を描いたスイスエナメルや、12, 3世紀頃よりはじまるモノクローム（茶や白）の色づかいを特徴としたフランスのリモージュエナメルが人気の的になりました。異なる色を重ねることで絵画的な表現が可能となり、細密に描かれたさまざまな絵柄のほかにも、人々の肖像を描くことで個人的な思いが付与され、宝飾品同様に珍重されてきました。

53. エナメルブローチ
「ノースランバーランド夫人」

Enamel Brooch《Mrs. Northranberland》
1830年頃　イギリス

54. エナメルミニアチュールセット
 　　（ペンダント、イヤリング）

Enamel Miniature Set (Pendant, Earrings)
1868年　フランス

55. エナメルミニアチュールペンダント
　　Enamel Miniature Pendant
　　1870年頃　フランス

56. エナメル&ゴールドセット
(ブローチ、イヤリング)

Enamel and Gold Set (Brooch, Earrings)
1870年頃　フランス
ウジェーヌ・フォンテーヌ

57. スイスエナメル
　　ブローチ
　　Swiss Enamel Brooch
　　19世紀中期　スイス

58. スイスエナメルブレスレット
　　Swiss Enamel Bracelet
　　19世紀中期　スイス

59. リモージュ
　　エナメルブローチ
　　Limoges
　　Enamel Brooch
　　1870年頃　フランス

60. リモージュ
　　エナメルブローチ
　　Limoges
　　Enamel Brooch
　　1880〜90年頃　フランス

インタリオ&カメオ
INTAGLIO AND CAMEO

　宝石に彫刻する技術は、紀元前4世紀頃より、シール（印章）として用いられたインタリオ（沈み彫り）に見ることができます。ついで紀元前3世紀頃にはカメオ（浮き彫り）が誕生しました。ハードストーンといわれる厚みのある硬い縞メノウの色層のコントラストを活かして彫刻したのがはじまりです。

　これらは、もともと男性が権力の象徴として身につけていたため、モチーフには神話や古代の英雄が描かれていました。とくに古代ローマの皇帝を理想としたナポレオンは、イタリア遠征でカメオを持ち帰り、身につけるだけでなく、自身の戴冠式や肖像の入ったカメオも作らせ、群臣たちにあたえました。しかしヴィクトリア時代に入り、カメオは女性の装身具として花開きます。多彩なモチーフと素材が登場し、そこには優美な女性像が数多く彫られました。テーマも古典的なものから叙情的な表現へと変化していきました。

63. コーネリアンインタリオ&
　　ゴールドペンダント

Cornelian Intaglio and
Gold Pendant
1790〜1800年頃　イギリス
旧ポニアトフスキーコレクション

61. ホワイトカルセドニー＆
    ゴールドシール

   White Chalcedony
   and Gold Seal
   1790〜1800年頃　イギリス
   エドワード・バーチ

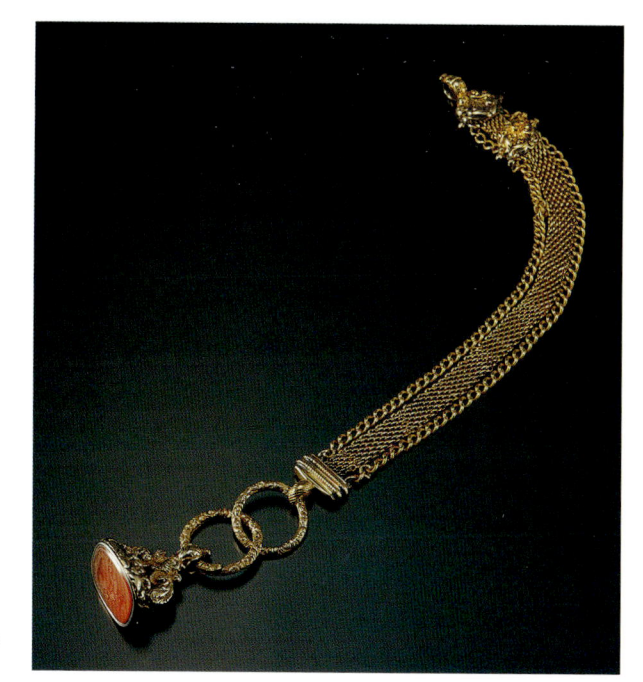

62. コーネリアン＆
    ゴールドシール
    （シャトリン付）

   Cornelian and Gold
   Seal (with Chatelaine)
   1820年頃　イギリス

64. インタリオ&ゴールドネックレス
    Intaglio and Gold Necklace
    インタリオ：ローマ時代　エジプト
    金細工：1870年頃　北アフリカ
    旧フレデリカ・クックコレクション

65. カメオ＆インタリオゴールドパリュール
（ネックレス、バングル、ブローチ、イヤリング、リング）

Cameo and Intaglio Gold Parure
(Necklace, Bangle, Brooch, Earrings,
Two Rings adapted from Hairpins)
インタリオ：2世紀　イタリア
金細工：1868年　ナポリ　カザルタ・モラビト
橋本貫志コレクション蔵

66. ハードストーンカメオ＆
    ゴールドブローチ

    Hard-Stone Cameo and
    Gold Brooch
    17世紀　イタリア

67. シェルカメオ&ゴールドセット
　　（ブローチ、イヤリング、ネックレス）

Shell Cameo and Gold Set
(Brooch, Earrings, Necklace)
19世紀初期　イギリス

68. オニキスカメオ&ダイヤモンドブローチ
　　Onyx Cameo and Diamond Brooch
　　19世紀中期　イギリス

70. ハードストーンカメオ&
　　エナメルペンダント

Hard-Stone Cameo and Enamel Pendant
カメオ：19世紀初期　イタリア　ルイジ・イスラー
フレーム：1870年頃　イギリス　カルロ・ジュリアーノ

077

69. ハードストーンカメオ＆ハーフパールブローチ
   Hard-Stone Cameo and Half-Pearl Brooch
   1860年頃　フランス

71. ラブラドライトカメオ
 ペンダント
    Labradorite Cameo
    Pendant
    19世紀中期　イタリア

72. アメシストカメオ&ハーフパールバングル
    Amethyst Cameo and Half-Pearl Bangle
    19世紀中期　イギリス

73. シェルカメオセット
   Shell Cameo Set
   19世紀中期　イタリア
   ルイジ・サウリーニ

74. シェルカメオ
    Shell Cameo
    19世紀中期　イタリア
    トンマーゾ・サウリーニ

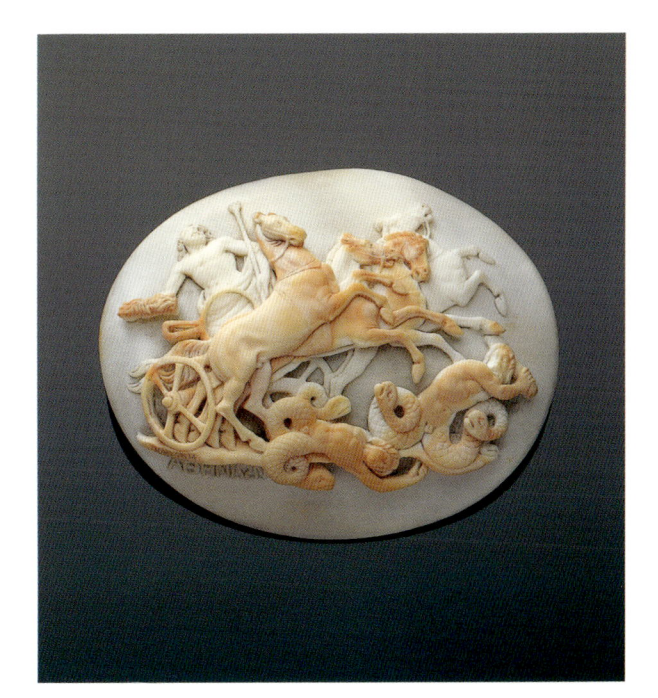

75. シェルカメオ
    Shell Cameo
    19世紀中期　イタリア
    ルイジ・サウリーニ

081

77. マラカイトカメオ&
ゴールドネックレス

Malachite Cameo and
Gold Necklace
1830年頃　イギリス

78. ブラッドストーンカメオ&
ゴールドブローチ
「キリスト」

Blood-Stone Cameo and
Gold Brooch
〈Jesus Christ〉
19世紀中期　イギリス

76. コーラルカメオ
　　 ブローチ

　　 Coral Cameo Brooch
　　 19世紀中期　イタリア

79. アンバーカメオ
　　 ブローチ

　　 Amber Cameo Brooch
　　 19世紀後期　イタリア

80. ウェッジウッドカメオ＆
    ゴールドブローチ

    Wedgwood Cameo and
    Gold Brooch
    19世紀初期　イギリス

82. コンクシェルカメオブローチ

    Conch-Shell Cameo
    Brooch
    19世紀中期　イタリア

81. ラーヴァカメオブレスレット
　　Lava Cameo Bracelet
　　1870年頃　イタリア

83. べっ甲カメオセット
　　Tortoiseshell Cameo Set
　　19世紀中期　イタリア

MOSAIC

モザイク

　ローマンモザイクとは、非常に細い色ガラスの棒をすき間なく並べて、モチーフを描き出したものです。当時2万色以上あったといわれるガラス片を用い、微妙な色の移り変わりや陰影などを、絵画的に表現しています。

　フローレンスモザイクは、ベースとなる大理石にモチーフの輪郭を彫り、その中にさまざまな色の半貴石を平らにカットして嵌め込んだものです。一枚ずつ異なる天然石の微妙な色の濃淡を活かし、花や葉を表現しています。

86. ローマンモザイク&ゴールドブローチ
　　Roman Mosaic and Gold Brooch
　　19世紀中期　イタリア

（部分拡大）

84. ローマンモザイク＆
ゴールドブレスレット（ペア）

Roman Mosaic and Gold Bracelets
(A Pair)
19世紀中期　イタリア

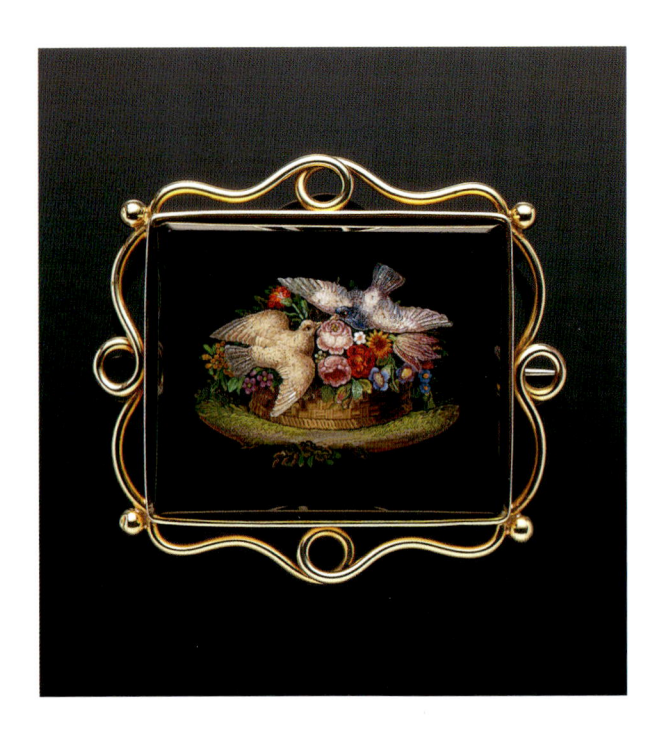

85. ローマンモザイク&
　　 ゴールドブローチ

　　Roman Mosaic and
　　Gold Brooch
　　19世紀中期　イタリア
　　ジオアチーノ・バルベリ

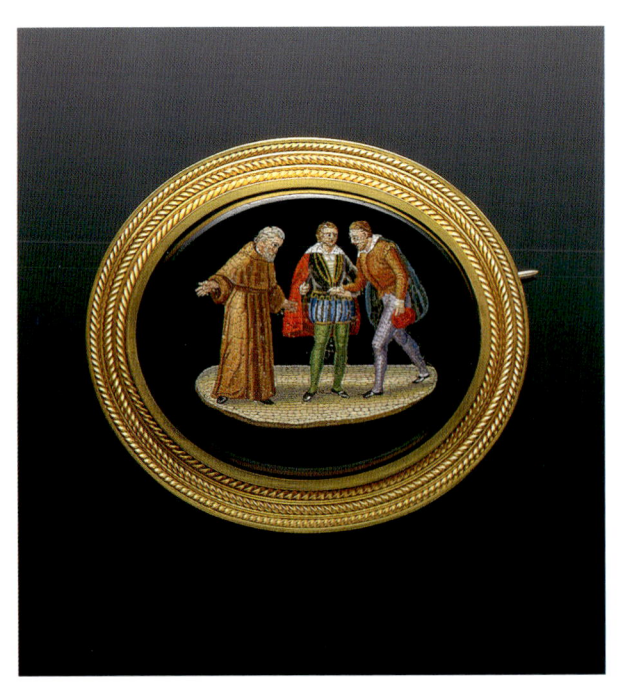

87. ローマンモザイク&
　　 ゴールドブローチ

　　Roman Mosaic and
　　Gold Brooch
　　19世紀中期　イタリア

88. フローレンスモザイク&ゴールドセット
（ペンダント、ブレスレット、イヤリング、スタッド）

Florence Mosaic and Gold Set
(Pendant, Bracelet, Earrings, Studs)
1860年頃　イタリア

スコティッシュ
SCOTTISH

　スコットランドで産出されるさまざまな色メノウ（アゲート）をデザインに合わせてカットし、銀台（まれに金台）に嵌め込んだもので、天然石のもつ色あいと精巧にほどこされた銀彫刻のコントラストが、素朴ななかに力強さをもっています。もともとはタータンチェックに合わせて作られたスコットランドの伝統的装身具で、ジョージ4世のスコットランド行幸（1822年）やヴィクトリア女王とアルバート公が余暇を過ごしたバルモラル宮殿もあったことから、スコットランドはイタリアにつぐ観光地となり、スコティッシュジュエリーは旅の記念品としても人気が高まりました。

89. スコティッシュブローチ
Scottish Brooch
19世紀中期　イギリス

91. スコティッシュブローチ
「ケルトスタイル」

Scottish Brooch 《Celtic Style》
1870年頃　イギリス

92. スコティッシュブローチ
「セントアンドリュースクロス」

Scottish Brooch
《Saint Andrew's Cross》
1875年5月10日　スコットランド

93. スコティッシュ
ブローチ
「ガーターベルト」

Scottish Brooch
《Garter Belt》
19世紀中期　イギリス

90. スコティッシュショールピンブローチ
　　Scottish Shawl Pin Brooch
　　1849年12月17日　アイルランド
　　ウエスト＆サン

94. スコティッシュ
　　　ピンブローチ「ダーク」
　　Scottish Pin Brooch
　　《DIRK》
　　19世紀中期　イギリス

95. スコティッシュブレスレット
　　Scottish Bracelet
　　19世紀中期　イギリス

ピクウェ
PIQUE

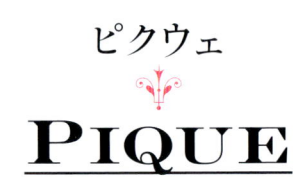

　べっ甲や象牙に、金、銀、あるいは真珠の母貝を象嵌したもの。16世紀末から17世紀頃に、フランスのユグノー教徒が、聖職者へ献じるために作りはじめたといわれていますが、秘法として受け継がれたので、現代では途絶えてしまった技法のひとつです。ピクウェには、ピクウェ・ポイント（星や水玉のパターン）とピクウェ・ポゼ（細長いパーツで幾何学模様や花模様を形作ったもの）と呼ばれる二種類の模様があり、それらを組み合わせて装飾します。

96. ピクウェボックス

Pique Box
18世紀後期
イギリスまたはフランス

97. ピクウェブローチ

    Pique Brooch
    19世紀中期
    イギリスまたはフランス

98. ピクウェイヤリング

    Pique Earrings
    19世紀中期
    イギリスまたはフランス

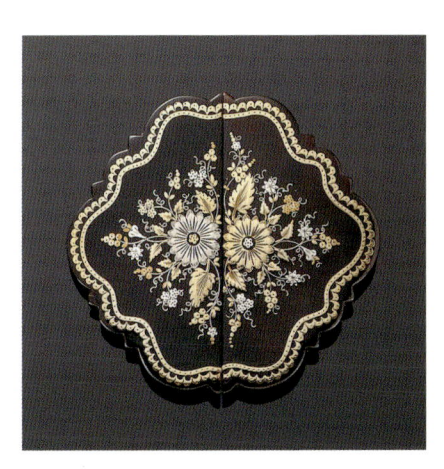

99. ピクウェバックル

    Pique Buckle
    19世紀中期　イギリスまたはフランス

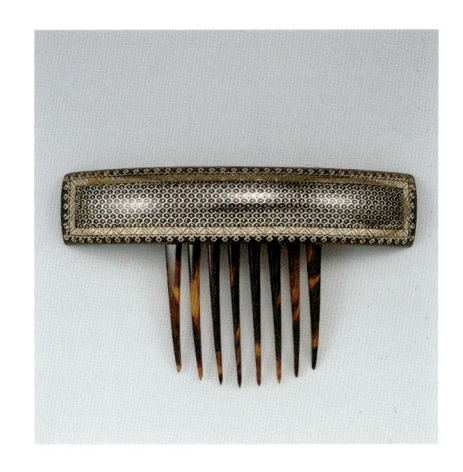

100. ピクウェ櫛

    Pique Comb
    19世紀中期　イギリス

アイボリー
IVORY

　象牙は素材のもつ柔らかな色合いと質感が好まれ、ヴィクトリア時代を貫くロマン主義の傾向から、エキゾティシズム、オリエンタリズムを表現するのにふさわしい装身具として愛好されました。花束をもつ手をはじめ、意味をもつ花のモチーフが好んでとりあげられ、繊細な透かし細工で表現された森には、鹿や犬、鳥などが遊ぶなど、自然に着想した題材を精巧な技術で写しとりました。

101. アイボリーミニアチュール＆ゴールドスライド
Ivory Miniature and Gold Slide
18世紀後期　イギリス

102. アイボリーブローチ
Ivory Brooch
19世紀中期　ドイツまたはスイス
フリードリヒ・ハーツマン

103. アイボリーブレスレット
    Ivory Bracelet
    19世紀中期　ドイツまたはスイス

104. アイボリーブローチ
    Ivory Brooch
    19世紀中期　ドイツまたはスイス

105. アイボリーバングル
    Ivory Bangle
    19世紀中期　ドイツまたはスイス
    旧ハンティントン伯爵夫人コレクション

多種多様な素材
VARIOUS KINDS OF MATERIALS

　ヴィクトリアン・ジュエリーの魅力のひとつに、素材や技法、ヴァリエーションの豊かさがあります。18世紀、宝石の輝きを最大限に引きだすブリリアントカットが考案され、ダイヤモンドが宝石として地位を確立し、その装身具が大流行したことにともなって、代用品となるペースト、マルカジット、カットスティールといった素材があらわれました。またチェコのボヘミアンガーネットやベルリンの鉄のジュエリー、さらには異国趣味を反映した虎の爪やサメの歯、雄牛の角といった珍しい素材への好奇心も芽生え、昆虫や蝶の羽などを用いたジュエリーまでも登場しました。

106. マルカジットブローチ
Marcasite Brooch
1776年　イギリス

107. フレンチペースト
　　　ブローチ

French-Paste Brooch
1830年頃　イギリス

108. カットスティール櫛

Cut-Steel Comb
19世紀初期　イギリス

109. カットスティールシャトリン
Cut-Steel Chatelaine
19世紀初期　イギリス

110. アメシストグラス&マルカジットセット
（ネックレス、イヤリング）

Amethyst-Glass and Marcasite Set (Necklace, Earrings)
19世紀後期　イギリス

111. ベルリン
アイアンワーク
ペンダント

Berlin-Iron-Work
Pendant
19世紀初期　ドイツ

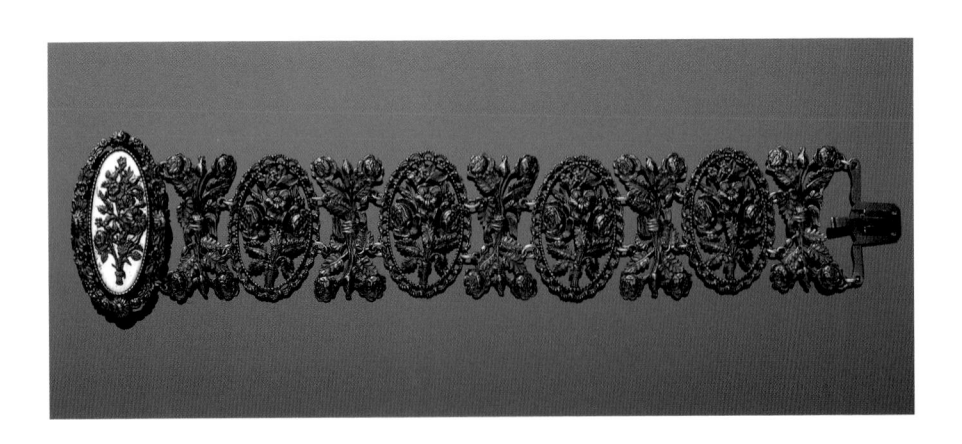

112. ベルリンアイアンワークブレスレット

Berlin-Iron-Work Bracelet
1820年頃　ドイツ

116. シルバー
　　　ロケットチェーン
　　Silver Locket Chain
　　1880年頃　イギリス

117. シルバー＆ゴールド
　　　バングル
　　Silver and Gold Bangle
　　1880年頃　イギリス

113. ボヘミアンガーネットブローチ
    Bohemian-Garnet Brooch
    1870年頃　チェコ

114. ボヘミアンガーネットネックレス
    Bohemian-Garnet Necklace
    1870年頃　チェコ

115. ボヘミアン
　　 ガーネットチョーカー

Bohemian-Garnet Choker
19世紀中期　チェコ

118. アルマンディンガーネット&
　　 シルバーネックレス

Almandine-Garnet and Silver Necklace
1904年　イギリス
バーナード・クンツァー

119. タイガークロウ＆
ゴールドブローチ

Tiger's Claw and
Gold Brooch
19世紀後期　イギリス

122. シャーク＆
シルバーセット
（ネックレス、イヤリング）

Shark and Silver Set
(Necklace, Earrings)
19世紀後期　イギリス

120. ホーン&ゴールドセット
（ネックレス、イヤリング）

Horn and Gold Set
(Necklace, Earrings)
19世紀中期　中国

121. 昆虫＆ゴールド
　　　イヤリング

　　　Insect and Gold
　　　Earrings
　　　19世紀後期　イギリス

123. ブルーバタフライ
　　　ブローチ「トンボ」

　　　Blue Butterfly Brooch
　　　〈Dragonfly〉
　　　20世紀初期　イギリス

世界の著名な コレクション

World's Prestigious Collections

　欧米には、個人の熱意によって収集された素晴らしいコレクションが存在しています。

　なかでも、ジョン・シェルダンが収集したジョージアン、ヴィクトリアン時代のコレクションは、宝飾史上もっとも貴重なコレクションとして世界に高く評価されています。それは1931年、イギリスで通貨の金本位制が廃止され、金の価値が高騰した時代に、19世紀の宝飾品を流出と破壊から救ったことによります。ジョン・シェルダンは、ロシア人の血を引く、控え目ながらも賢く、優雅で威厳に満ちた人物でした。ゴールドに関する豊富な知識をもち、美の追求を続け、趣味を仕事に一生を送った幸福な人でもありました。1939年、第2次世界大戦の勃発によりコレクションは金庫に納められ、1985年に彼がこの世を去るまでの間、人目に触れることはありませんでした。そのコレクションは、大英博物館に展示されているフルグランディコレクションとともに、アンティーク・ジュエリーが花開いた時代の歴史を伝えてくれるものとなりました。

　また、過去50年間に欧米で競売された、ルネサンス以降のカメオとインタリオのほとんどをコレクションしたラファエル・イスメリアンも、現代のコレクターとして重要な役割を担っています。イスメリアンはパリで絵画や彫刻、文学に対する情熱を育み、1939年ニューヨークへ渡り、宝石ディーラーとして成功を収めました。親子二代にわたるコレクションは、2001年、アメリカンアートの新しい美術館を支援するために手放されました。

　そして、ニューヨーク・メトロポリタン美術館の中世芸術部門に多くのコレクションを寄贈したピアポント・モーガンもまた、美術品収集家として名高く、カメオとインタリオのコレクターとして欠かすことのできない存在です。

　それぞれのコレクターにより集められた作品は、彼らの美意識が反映された価値でもあるのです。

ジョン・シェルダンコレクション
THE JOHN SHELDON COLLECTION

144. ジョージアンゴールドマフチェーン

Georgian Gold Muff Chain
19世紀初期　イギリス
旧ジョン・シェルダンコレクション

金の環を縄状に連ねたチェーンで、その名の通り、マフ（防寒のために両側から手を入れる筒状の婦人用装身具）に通して首からさげた。薄い金の輪のそれぞれに装飾を施し、幾重にも連ねて立体的に仕上げているが、見た目のボリュームより軽くしなやかな作品である。

146. ブルーエナメル&ゴールドネックレス

Blue Enamel and Gold Necklace
1865〜70年頃　イギリス
旧ジョン・シェルダンコレクション

ロイヤルブルーのエナメルでできたハートと、重量感のあるブラジリアンチェーンのコントラストが美しい作品。ハート型ペンダントは、厚みのある金台にギヨシェエナメルが施され、中央にはハーフパールとダイヤモンドが星型にセットされている。ペンダントの裏面は、故人の名前、日付、年齢が刻まれたロケットになっている。

145. ガーネット&ダイヤモンドゴールドセット

Garnet and Diamond Gold Set
1840年頃　フランス
旧ジョン・シェルダンコレクション

カーバングル（丸く磨いたざくろ石）と、クッションシェイプのダイヤモンドが組み合わされ、アカンサスや葡萄の葉模様にレポゼ細工されたゴールドの装飾が美しいコントラストを生んでいる。ブローチペンダントからは3つのカーバングルとダイヤモンドがジランドール様式で垂れさがり、ブローチの上部は取り外してブレスレットのヘッドにもなる。

イスメリアンコレクション

THE ESMERIAN COLLECTION

147. 天空を横切る勝利の女神
　　《Winged Victory》
　　カメオ：1600年頃／フレーム：17世紀
　　イタリア
　　旧イスメリアンコレクション

翼のはえたチュニック姿の勝利の女神が、片手に月桂樹のリースをかかげもち、もう一方の手にヤシの枝をもつ。疾走する2頭の馬に引かれ、雲の中を駆け抜けてゆく光景を描いている。

148. コーネリアンインタリオセット
Cornelian Intaglio Set
19世紀初期　イタリア
旧イスメリアンコレクション

(表面)

149. インタリオ＆
ゴールドペンダント

Intaglio and
Gold Pendant
19世紀初期　イタリア
旧イスメリアンコレクション

厚みのある2層になった縞メノウの色のコントラストを活かして、両面に沈み彫りを施した作品。土台となる層の色の影響をほのかに受けた半透明の白い層に絵柄を彫り、表面には知恵の神ミネルヴァが描かれている。フレームには月桂樹の葉のモチーフが輪状に装飾されている。

(裏面)

150. ラーヴァカメオ「メドゥーサ」

Lava Cameo 《MEDUSA》
19世紀中期　イタリア
旧イスメリアンコレクション

151. エナメル＆サファイア、
　　　ダイヤモンドネックレス

Enamel and Sapphire, Diamond Necklace
1880年頃　イギリス
カルロ・ジュリアーノ
旧イスメリアンコレクション

ルネサンス期のエナメル技法の復刻で19世紀を代表する作家となったカルロ・ジュリアーノの作品。白と黒の精緻なエナメル細工、サファイアとダイヤモンドの精巧なセッティング、美しい光沢の天然真珠の組みあわせが見事な逸品。

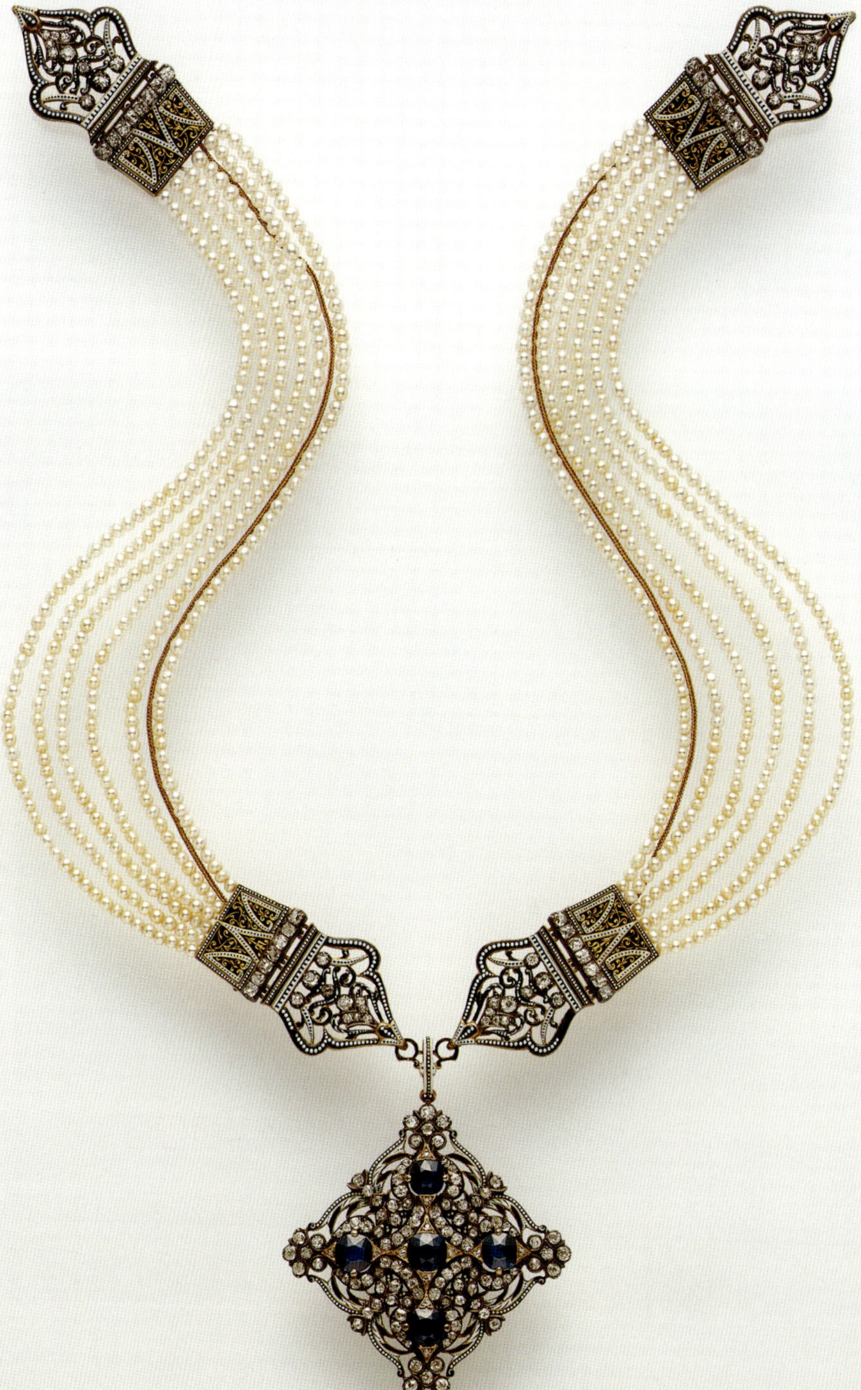

ピアポント・モーガンコレクション

The Pierpont Morgan Collection

152. ハードストーンカメオセット
   Hard-Stone Cameo Set
   17世紀後期〜19世紀後期　イギリス、イタリア、フランス
   旧ピアポント・モーガンコレクション

英国王室に まつわる宝飾品
Royal Jewellery

Pl.5
《1851年5月1日》(アーサー王子の誕生日)
1851年　フランツ・クサファー・ヴィンターハルター
ロイヤル・コレクション蔵

　イギリス王室では、歴史を通じて、国王たちが家臣の忠実な奉仕に報い、その栄誉を称えるため、記念と感謝のしるしに宝飾品を与えてきました。それらはロイヤルギフト、プレゼンテーションジュエリーと呼ばれ、授けられた者たちも変わらぬ忠誠を示すため、身につけることを誇りとし、子孫たちもまた、家族の名誉の記念の品として代々大切にしてきました。

　こうした品の授与式は、王室にかかわる人の即位式、結婚、記念日、死といった場面、また公的な行事の際に行なわれ、イギリスではとくに根強い文化といえます。

　その歴史は、1348年、エドワード3世が百年戦争を戦う騎士たちを勲士に任命した「ガーター騎士団」の栄誉を、のちにエリザベス1世が「ガーター勲章」という形で報償として与えたところからはじまります。エリザベス1世は勲章とは別に、女王の肖像を描いたカメオやミニアチュールも栄誉のしるしとして与え、授けられた者はその品を身につけ、自らの肖像画を描かせました。その様子は多くの絵画にも見ることができます。

　その後、ヴィクトリア女王の時代まで、数々の宝飾品や銀器が授けられてきましたが、なかでも女王は宝飾品を愛し、機会あるごとに好みのジュエリーを贈りました。女王自身が贈った品には必ず裏に王冠とVとR（VictoriaのV、Regina＝女王のR）が彫られ、贈る相手の名前や日付が刻印されることがありました。またそのデザインには、贈られる者にちなんだモチーフが盛り込まれるなど心配りがなされます。通常は親しい政治家や女官をはじめとする重臣、そして功績のあった人々が対象となりました。とくにヴィクトリア女王は、国のために命をかけた人々への配慮にも余念がなかったといわれており、戦争の表舞台で活躍した男性ばかりでなく、裏方で活躍した女性たちにも贈られました。「クリミアの天使」と呼ばれたナイチンゲールにも、アルバート公のデザインによるブローチが、ヴィクトリア女王の感謝の気持ちをしたためた手紙とともに贈られました。ヴィクトリア女王とアルバート公の人民を思う気持ちがよくあらわれた贈り物といえます。そしてロイヤルギフトは必ずしも高価なものばかりでなく、スコットランドを愛したヴィクトリア女王らしく、スコティッシュをはじめとする小さなブローチなども多く含まれていました。

153. チャールズ1世のモーニングスライド
（エナメル肖像画付）

Mourning Slide of Charles I
(Portrait of Enamel)
1650年頃　イギリス

154. チャールズ2世のモーニングスライド

Mourning Slide of Charles II
1685年頃　イギリス

モーニングジュエリーは、1649年のチャールズ1世の処刑後、王党派の人々が王の死を悼み「CR」（Carolubs Rex: ラテン語でチャールズ王の意）の金文字を装飾したリング、ペンダント、スライドなどを身につけたのがはじまりとされている。1813年、ウィンザー城におけるジョージ3世の墓の建立時に、チャールズ1世の棺が再び開かれ、王の後ろ髪が驚くほど短く切られていた事実から、王の記念のジュエリーに納められている髪の毛は王自身のものであったという証明になるといわれている。髪の毛は、神秘性、永遠性の象徴であると同時に、失った愛する人との絆とも考えられた。

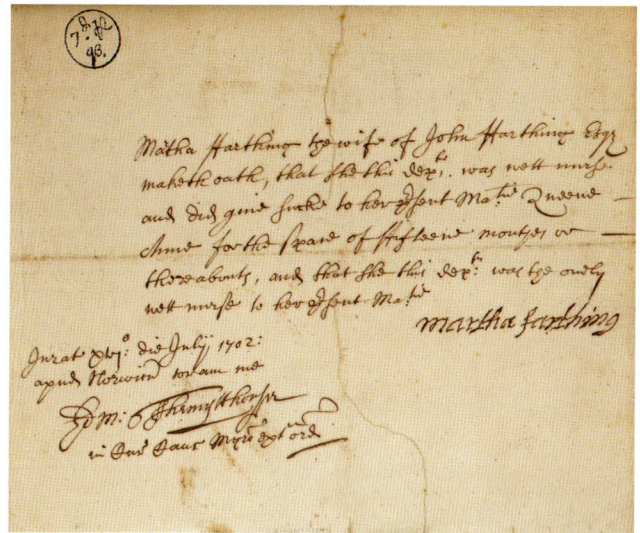

155. アン女王のプレゼンテーションリング
Presentation Ring of Queen Anne
1702年　イギリス

この指輪はアン女王より彼女の乳母であったファースティング夫人へ贈られたもので、証書には「ジョン・ファースティングの妻、マーサ・ファースティングは乳母として、約15ヶ月間にわたり、アン女王に乳を与えたことをここに記す」とある。文面はインクで秘書官によって書かれ、マーサ・ファースティングと証人エドモンド・シーマイソープの署名がある。

121

156. ジョージ4世のデスクシール
Desk Seal of George IV
1820年頃　イギリス

ジョージ4世（在位1820〜30）が摂政として国王の代理を務めていた皇太子時代に使用したデスクシール。三面にはそれぞれ 1.英国王の紋章、2.国王の長男を表わすコーンウォール公の紋章、3.皇太子を表わすプリンス・オブ・ウェールズの紋章が彫られている。

157. シャーロット妃の
「アイ」ブレスレット

《EYE》Bracelet of
Princess Charlotte
1817年頃　イギリス

21歳の若さで難産のため他界したジョージ4世の一人娘、シャーロット妃の死を悼んで作られた作品で、裏面には、「1796.1.7生　1817.11.6没」と刻まれている。

(裏面)

158. ウィリアム4世の
メメント

Memento of William IV
1830年頃　イギリス
個人蔵
協力：アルビオン アート・
ジュエリー・インスティテュート

159. ヴィクトリア女王のミニアチュールペンダント
Miniature Pendant of Queen Victoria
1838年　イギリス
ウィリアム・エセックス

1837年のヴィクトリア女王の戴冠式のときに、ウィリアム・エセックスによって描かれたミニアチュールで、ヴィクトリア女王はジョージ4世から受け継いだダイヤモンドのティアラ、シャーロット妃のダイヤモンドイヤリングとコレットネックレスを身につけている。作品の裏側には王冠と「VR」（VictoriaのV、Regina＝女王のR）が彫られており、おそらく王室の一員か、親しい政治家あるいは女官の一人が所有していたものだろう。

160. アルバート公のロケット
　　　Locket of Prince Albert
　　　1840年　イギリス
　　　個人蔵
　　　協力：アルビオン アート・ジュエリー・インスティテュート

　　ロケット裏面に挿入された紙片の文面

Presented to　　　　　　　　ヴィクトリア女王陛下との婚礼の機会に
Captn. Sir John Hamilton　　夫君アルバート殿下より
by H. R. H. the Prince Consort　陸軍大尉サー・ジョン・ハミルトンに
on the occasion of his　　　贈られた
marriage with H. M.
Queen Victoria　　　　　　　1840年2月6日
Feb. 6th 1840

161. エナメル
　　　ミニアチュール
　　　ブローチ

Enamel Miniature
Brooch
1850年　イギリス
ウィリアム・エセックス

王室のミニアチュール画家ウィリアム・エセックスからヴィクトリア女王とアルバート公へ贈られた。女王の愛したバラと忘れな草が描かれている。

180. リバースインタリオ
　　　クリスタルペンダント

Reverse Intaglio
Crystal Pendant
1887年　イギリス

テューダー王朝の紋章「テューダーローズ」、王冠とイニシャルが描かれたペンダント。

162. ヴィクトリア女王のミニアチュールブレスレット
Miniature Bracelet of Queen Victoria
1852年　イギリス
個人蔵
協力：アルビオン アート・ジュエリー・インスティテュート

ヴィクトリア女王と縁戚関係にあったステファニー・フォン・ホーエンツォレルン（1837〜59）が、ポルトガルの若き国王ペドロ5世との結婚をひかえ、リスボンへ赴く途中、イギリスで数日間を過ごした。彼女のポルトガルへの出港前日、ヴィクトリア女王はイギリス訪問の記念と情愛のしるしとしてこのブレスレットを贈った。

163. ヴィクトリア女王のミニアチュールペンダント
　　　Miniature Pendant of Queen Victoria
　　　1858年6月14日　イギリス

　　　ジョージ4世から受け継いだダイヤモンドのティアラ、イヤリング、ネックレスを着用したヴィクトリア女王のミニアチュールが納められたペンダント。女王が8名の女官たちへ贈ったもの。

164. ヴィクトリア女王の
　　　カメオペンダント

Cameo Pendant of
Queen Victoria
19世紀中期　イタリア
トンマーゾ・サウリーニ

165. アルバート公の
　　　カメオペンダント

Cameo Pendant of
Prince Albert
19世紀中期　イギリス
ルイジ・サウリーニ

トンマーゾ・サウリーニ＆ルイジ・サウリーニ（伊／英）
Tommaso Saulini（1793〜1864年）& Luisi Saulini（1819〜83年）

1862年、イギリス王室はトンマーゾ・サウリーニに勲章をあたえ、以来すべてのロイヤル・ファミリーのカメオを作らせた。トンマーゾはヴィクトリア女王とアルバート公の肖像を模したカメオを製作中に亡くなり、息子ルイジがロンドンへ渡りその仕事を引き継いだ。作品は色彩の変化にとんだ立体感のある彫りが特徴的で、親子の作品はいずれも繊細さと力強さを兼ね備えている。（Nos. 73, 74, 164, 165）

166. ロイヤルポートレートミニアチュール
（ヴィクトリア女王の子供たちの肖像画：左からルイーズ妃、ヘレナ妃、アーサー王子）

Royal Portrait Miniature
(Children of Queen Victoria, Louise, Helena and Arthur)
1855年頃　イギリス
サー・ウィリアム・チャールズ・ロス

(ケース)

167. ヘレナ妃の
プレゼンテーションペンダント
Presentation Pendant of Princess Helena
1864年1月21日　イギリス

ヴィクトリア女王の三女ヘレナ妃が、親交のあったベルギー公使の娘ヴィクトリアの結婚に際して贈ったペンダント。

(裏面)

168. ヴィクトリア女王の
プレゼンテーションブローチ
Presentation Brooch of Queen Victoria
1871年1月2日　イギリス

ヴィクトリア女王よりS.Kraeusslachへ贈られたスコティッシュブローチ。

169. ヴィクトリア女王から贈られたクリスニングセット

Christening Set gifted from Queen Victoria
1870年11月24日　イギリス

アルバート公に長年仕え、また女王の奉仕官でもあったフランシス卿は1869年、56歳の時に聖職者の娘アグネス・オースティンと結婚し、準男爵に任命された。翌年、長女が誕生し、女王一家と強い絆で結ばれていたことからヴィクトリア女王が名付け親となり、女王の名にちなんでアルバータ・ヴィクトリアと命名された。このセットは洗礼式にヴィクトリア女王から贈られたもので、王冠とイニシャル、日付が刻印されている。

170. ヴィクトリア女王の
プレゼンテーション
ブローチ

Presentation Brooch of
Queen Victoria
19世紀後期　イギリス

ヴィクトリア女王よりヴィクトリア女王が名付け親となったアルバータ・ヴィクトリアへ贈られたスコティッシュブローチ。作品の裏には王冠と「from V. R. to AVF」と彫られている。

171. ヴィクトリア女王の
プレゼンテーション
ブローチ

Presentation Brooch of
Queen Victoria
1885年　イギリス

ヴィクトリア女王よりNo. 170と同様、アルバータ・ヴィクトリアへ贈られた金だけで作られた花をモチーフとしたシンプルなブローチ。作品の裏には王冠と「from V. R. to AVF」と彫られている。

(裏面)

172. ヴィクトリア女王の プレゼンテーションペンダント

Presentation Pendant of Queen Victoria
1875年　イギリス　ガラード

ヴィクトリア女王が親交の深かったクーパー夫妻にアルバート・エドワード（のちのイギリス国王エドワード7世）がお世話になった御礼として贈ったペンダント。表面には、プリンス・オブ・ウェールズと王冠、アルバート・エドワードのイニシャル「AE」がローズカットのダイヤモンドで描かれている。またロケットの中には皇太子エドワードのミニチュール、背面には時計まわりにイギリスの4つの国花リーキ（ポロネギ）、アザミ、シャムロック、バラが描かれている。

Ref. 2
ヴィクトリア女王からのプレゼンテーションペンダントにつけられた手紙

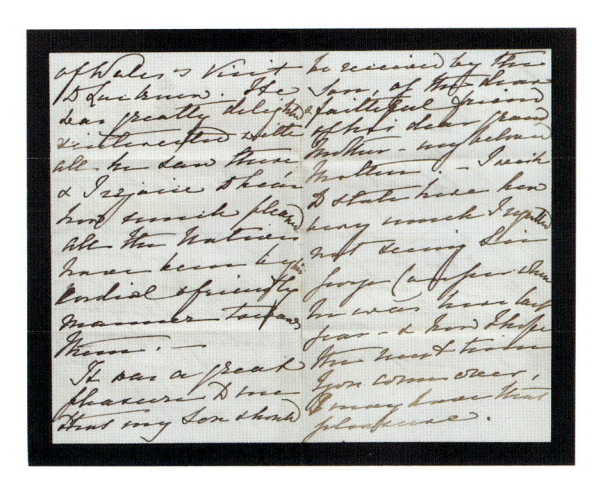

クーパー伯爵夫人へ　　　　　　　　　　　　　　　ウィンザー城
　　　　　　　　　　　　　　　　　　　　　　　1876年2月18日

拝啓
　皇太子がラクナウ*を訪問したときのことをお伝えくださった1月13日付のご親切で興味ぶかいお便りに、心より御礼申しあげます。
　皇太子はそこで見たものすべてを大変おもしろがって喜んでおりましたし、誠意をもって好意的にふるまう皇太子が、ラクナウの人々にどれほどの喜びを与えたか、ということも伺って、大変うれしく思っています。

　私の親愛なる母、皇太子の愛する祖母と親しい間柄にある方のご子息が、私の息子をもてなしてくださったことも大変な喜びでした。昨年ジョージ・クーパー卿がここを訪ねてくださった折、お会いできずに残念な思いをいたしましたから、どうか次回、是非あなた方にお会いしたいものだとここにお伝え申しあげます。

敬具
ヴィクトリアR

皇太子へご親切を賜りましたこと、ジョージ卿に心より感謝しておりますと、くれぐれもよろしくお伝えください。

＊ラクナウ：ムガール帝国の史跡が残るインドの都市

135

173. ヴィクトリア女王のシール

Seal of Queen Victoria
19世紀後期　イギリス

ヴィクトリア女王は1858年よりインドを直接統治し、76年には「インド皇帝」の称号を戴く。シールのインタリオ部分にはヴィクトリア女王の紋章が彫られており、女王自身が所有し使用したものである。シールの側面には、当時のイギリス首相ベンジャミン・ディズレイリ、ディズレイリ内閣のインド担当大臣ソールズベリ、外相ダービーのカメオが嵌め込まれており、その上に黒人女性の彫像が載ったデザインになっている。

174. ケント公爵のシール
　　　Seal of the Duke of Kent
　　　1800年頃　イギリス

（側面）

175. スペンサー公爵のシール
　　　Seal of the Duke of Spencer
　　　18世紀後期　イギリス

176. ネイサン・ロスチャイルドのシール
　　　Seal of Nathan Rothschilds
　　　1825年頃　イギリス

177. ブローチ
「クリスタルパレス」

Brooch
《Crystal Palace》
1851年　イギリス

178. ヴィクトリア女王&アルバート公の
ダブルポートレート・ブロンズメダル

Double-Portrait Bronze Medal :
Queen Victoria and Prince Albert
1851年　イギリス
ウィリアム・ワイアン

1851年、イギリスが世界に富と権力を誇示した第1回ロンドン万国博覧会の記念メダルで、博覧会で賞を受賞した人々に与えられたもの。制作者はメダル作家として有名なウィリアム・ワイアンで、このメダルで博覧会に参加し受賞した。メダルの表面に刻まれた「VICTORIA D.G: BRIT: REG: F. D:」は、女王の正式名称をラテン語で表記したもの。「ALBERTUS PRINCEPS CONJUX」は、プリンス・アルバートの妻であることを示し、「MDCCCLI」はローマ数字で1851年と表記している。

179. ヴィクトリア女王の
エナメルブローチ

Enamel Brooch of Queen Victoria
1887年　イギリス

英国史上最長の在位期間にわたって君臨した女王の在位50周年を記念して作られたブローチ。肖像画をとりまく青いガーターベルトには、ガーター勲章のモットーである「HONI SOIT QUI MAL Y PENSE」(思い邪なる者に災いあれ)とエナメルで書かれている。

Pl.6《ヴィクトリア女王在位50周年》
1887年
アレクサンダー・バッサーノ撮影
ナショナル・ポートレート・ギャラリー蔵

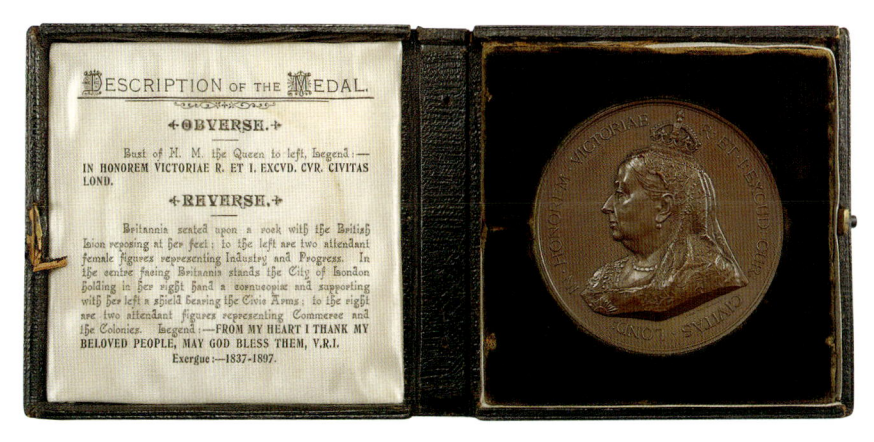

181. ヴィクトリア女王のブロンズメダル

Bronze Medal of Queen Victoria
1897年　イギリス
スピンク＆サン

「ダイヤモンドジュビリー」といわれる在位60周年を記念して作られたメダル。官職についている人々へ贈られた。メダルには「私の愛する国民に心より感謝　彼らに神の恵みのあらんことを V. R. I.」と銘が入っている。メダルの裏側にも記念の文字が刻まれている。

139

182. ヴィクトリアン・アルバム
（オルゴール付）

The Victorian Album (with music box)
1901年　イギリス

1838年のヴィクトリア女王戴冠の年から、万博、アルバート公の崩御、在位50周年の式典、在位60周年の式典など、さまざまな行事の情景とともに、写真がおさめられている（ヴィクトリア女王は写真好きでも有名だった）。また、それぞれの時代の代表的な曲を集めたオルゴールがついており、女王の長い生涯を感じることができる。

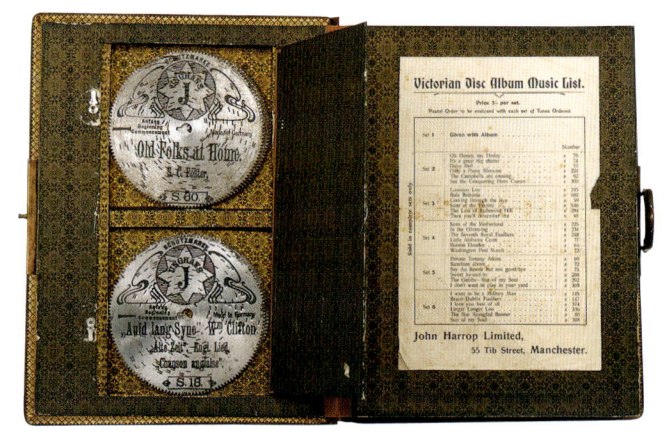

183. エドワード7世の
プレゼンテーションバングル

Presentation Bangle of
Edward VII
1903年　イギリス

1903年7月26日、アイルランド訪問の折に、エドワード国王とアレクサンドラ妃両陛下よりロンドンデリー侯爵夫人テレーザに贈られた。

Ref. 3
《アレクサンドラ王妃の肖像》
1908年　イギリス
フランソワ・フラマンク
イギリス国王エドワード7世の妻であった若く華麗なアレクサンドラ王妃（デンマーク王女）は、国民から愛され、ヴィクトリア女王に代わって注目を集めるようになった。

184. ダイアナ元妃のダイヤモンドリング
    Diamond Ring of Princess Diana
    1985年　フランス
    ルイ・ジェラール

    このリングは1985年7月1日、ダイアナ元妃24歳の誕生日を記念して、フランスの宝石商ルイ・ジェラールより贈られた。

Ref. 4
トロフィーを手にしたチャールズ皇太子と
左手薬指にリングをつけるダイアナ元妃
ポロの試合が開催されたウィンザーのグレイトパークにて　1985年7月1日

186. ヴィクトリア女王の家系図

Family Tree of Queen Victoria
1887年　イギリス

ヴィクトリア女王はアルバート公との間に9人の子どもをもうけた。子どもたちはヨーロッパ各国へと嫁ぎ、ヴィクトリア女王は晩年「ヨーロッパの祖母」と呼ばれた。

187. エドワード7世の戴冠式
（ウェストミンスター大聖堂）

The Coronation Ceremony of King Edward VII
1902年　イギリス

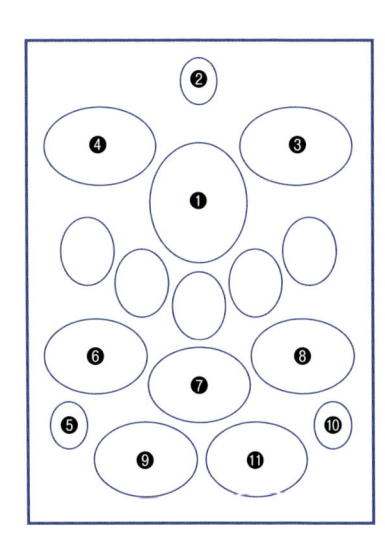

中央には、宝剣、王笏、王杖、指輪などを授けられ、王冠を頭に戴くエドワード7世、右隣にアレクサンドラ王妃が着席している。手前左には祈禱書を手にしたカンタベリー大司教、その右にはヨーク大司教が立つ。戴冠式は神の祝福によって国王が神の代理人となる儀式である。

❶ ヴィクトリア女王（1819〜1901）
❷ アルバート公（1819〜61）
❸ ヴィクトリア・アデレード・メアリー・ルイーズ（1840〜1901）／ドイツ皇帝フリードリヒ3世
❹ イギリス王エドワード7世（1841〜1910）／アレクサンドラ
❺ ヘッセン大公妃アリス・モード・メアリー（1843〜78）
❻ エジンバラ公アルフレッド・アーネスト・アルバート（1844〜1900）／メアリー
❼ ヘレナ・オーガスタ・ヴィクトリア（1846〜1922）／シュレースヴィヒ・ホルシュタイン公子クリスティアン
❽ ルイーズ・キャロライン・アルバータ（1848〜1939）／アーガイル公ジョン・ダグラス
❾ コノート公アーサー・ウィリアム・パトリック・アルバート（1850〜1942）／ルイーズ
❿ オールバニ公レオポルド・ジョージ・ダンカン・アルバート（1853〜84）
⓫ ベアトリス・メアリー・ヴィクトリア・フィオドア（1857〜1944）／バッテンベルク公ハインリヒ

185. 大英帝国地図

A Map of the British Isles
1851年　イギリス
地図：J. ラプキン
イラスト：ジョン・サルモン

第1回ロンドン万国博覧会が開催された当時の大英帝国地図。イングランド、スコットランド、ウェールズ、アイルランドの都市の風景が描かれている。地図の周囲にはそれぞれの国花、イングランドのバラ、スコットランドのアザミ、ウェールズのリーキ（ポロネギ）、アイルランドのシャムロックがあしらわれている。

II

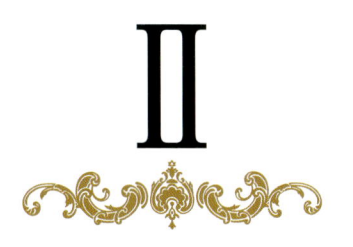

歓びのウェディングから
哀しみのモーニング

WEDDING AND
MOURNING
STYLES

清楚な花嫁
ウェディング

FLAWLESS BRIDE
—WEDDING—

Pl. 7
《結婚7年目の記念にウェディング姿で描かれたヴィクトリア女王》
1847年　フランツ・クサファー・ヴィンターハルター
ロイヤル・コレクション蔵

　ヴィクトリア女王が結婚を望み、ドイツから迎えたアルバート公との結婚式は、1840年2月10日、セント・ジェームズ宮殿の礼拝堂で行なわれました。女王はアルバート公を気遣い、女王というよりむしろ花嫁にふさわしいスタイルで式に臨みました。

　ウェディングドレスには、それまでの伝統を絶って、金糸や銀糸の豪奢な衣装を選ばず、淡いクリーム色で、ドレスの襟や袖口、ベールには自国産業を推奨するデヴォン州のホニトンレースが使われました。またティアラや宝冠は被らず、オレンジブラッサムと呼ばれる花輪をつけ、ドレスにもそれを飾りました。オレンジの花は「純潔」の象徴といわれ、結婚式では花嫁が髪飾りや花束に用いるものでした。オレンジの花言葉は「結婚式」。開花時期が短いため、当時はロウワックスで造花を作りましたが、それは大切に保存され、家族の繁栄と多産の象徴として、子や孫の結婚式に受け継がれました。

　女王が結婚式に着用したホニトンレースも、子供たちの洗礼式をはじめ、結婚記念日など大切な日に着用されました。その後もレースのベールを結婚式に着用するのが習慣として受け継がれ、今に伝えられています。結婚指輪を交換する儀式もまた、アルバート公がドイツからもちこみ、以降、イギリスに定着しました。さらにフルーツケーキにシュガーペーストで装飾をほどこしたウェディングケーキも、ヴィクトリア女王のロイヤルウェディングを機に一般に広まり、現代へと引き継がれています。

　夫婦ともに20歳という若きロイヤルカップルの結婚式は、国中の注目の的でした。新聞や雑誌に広くとりあげられることにより、贅を尽くしたホニトンレースとクリーム色のサテンドレスは花嫁の憧れとなり、指輪の交換やウェディングケーキとともに、素敵なウェディングの習慣として現代に受け継がれたのです。

ウェディングドレス

WEDDING DRESS

188. ウェディングドレス

Wedding Dress
1840年頃　イギリス

ヴィクトリア女王のウェディングドレスと同時代の淡いクリーム色のシルクサテンのドレス。当時人気のあったリボンが、蝶結びになってウエストの正面と、裾にも三段のアクセントになってあしらわれている。上身ごろと袖口にはフリル、襟元と袖口にはレースの装飾がある。

ウェディングレースの継承
WEDDING VEIL AND SHAWL

　ヴィクトリア女王が結婚式に着用したデヴォン州のホニトンレースは、子供たちの洗礼式をはじめ、結婚記念日など大切な日に必ず着用されました。しかし、1860年の結婚記念日を最後に、翌年のアルバート公逝去ののち喪に服してからは、82年のレオポルド王子の結婚式まで着用されることはありませんでした。その後、ホニトンレースを結婚式に着用する習慣は、女王の娘たちに受け継がれ、85年ベアトリス王女の結婚式で女王のレースとベールが着用されました。ヴィクトリア女王がウェディングベールとレースを最後に身につけたのは、93年、ジョージ5世の結婚式のときでした。

Pl. 8
《最後にベールを身につけたヴィクトリア女王》
1893年　W. & D. ダウニー撮影
ナショナル・ポートレート・ギャラリー蔵

189.　ウェディングベール（ロング）
　　　Wedding Veil (Long)
　　　19世紀後期　イギリス

191. ウェディングショール
Wedding Shawl
19世紀後期　イギリス

190. ウェディングベール
（スクウェア）

Wedding Veil (Square)
19世紀後期　イギリス

オレンジブラッサム

ORANGE BLOSSOM

　結婚式に花嫁の頭上にオレンジの花を飾る習慣は、ギリシア神話のなかで、ゼウスがヘラとの結婚の折に、オレンジを贈ったことから生まれたといわれています。オレンジの木は果実をつけるとき、甘い香りのする花を咲かせ、同時に葉を繁らせることから、多産の象徴として花嫁が身につけるようになりました。ヴィクトリア時代にはロウワックスで作ったオレンジの花が、頭上やウェディングドレスにあしらわれ、繁栄と多産の象徴として、子や孫の結婚式へと受け継がれていきました（キンバイカも女王の結婚式で花束に用いられたことから、結婚式と結びつけられるようになりました。花言葉は「愛」）。

Pl. 9
《ウェディングベールをまとったアリス妃》
1862年　ジョージ・コーベルウィン
ナショナル・ポートレート・ギャラリー蔵

192.　オレンジブラッサム・ヘアーオーナメント

Orange Blossom
Hair Ornament
19世紀後期　イギリス

193. オレンジブラッサム・
 ヘアーオーナメント

Orange Blossom
Hair Ornament
19世紀後期　イギリス

194. オレンジブラッサム・
 ヘアーオーナメント

Orange Blossom
Hair Ornament
19世紀後期　イギリス

結婚指輪

WEDDING RING

　指輪の交換の歴史は古く、古代ローマ時代にまで遡るといわれています。18世紀初頭には宝石のついた婚約指輪と、シンプルな金の結婚指輪が贈られることが習慣化し、19世紀に定着しました。とくにイギリスでは、1840年ヴィクトリア女王とアルバート公の成婚の折に、ドイツの習慣にしたがい、花嫁に金の指輪を、花婿に銀の指輪を贈るという指輪の交換をしたことから広まりました。

　結婚指輪のデザインは、ルネサンス期に誕生したものが基本となっています。二つの指輪が根元で繋がっており、閉じると重なるギメル（双子）リング、閉じると二つの手が握りあうフェデ（忠実）リング、さらに手の部分に愛情をあらわすハートが加わったものなど、どれも「婚姻」を意味します。また愛の誓いをリングの内側に彫り込んだポージーリングがあります。とくにヴィクトリア時代には、女王が婚約指輪に選んだ永遠の愛をあらわす「蛇」（自分の尾を口にくわえ環状になった）をはじめ、二人の絆をあらわす「バックル」、変わらぬ愛情のしるしとして結び目を象った「愛結び」、そして花言葉に由来する「忘れな草」（真実の愛）やハートといった、ロマンティックなモチーフが好まれ、現代に受け継がれました。

196. リング

Silver Ring
4世紀
イタリア（古代ローマ時代）
橋本貴志コレクション蔵

195. リング「愛しき人」
Silver Guilt Ring《Sweetheart》
3〜4世紀　イタリア（古代ローマ時代）
橋本貫志コレクション蔵

197. リング「忠実」
Gold Fede Ring
13世紀後半　不詳
橋本貫志コレクション蔵

（外側）

（内側）

199. リング「忠実」
（2連指輪／刻字：IN・LIEB・UND・LEID・GOT・BWAR・UNS・BEID：愛と哀しみにおいて、神が我らをともに守らんことを）

Gold Fede Ring (Two Hoops Ring): In love and sorrow may God protect us both
16〜17世紀　ドイツ
橋本貫志コレクション蔵

198. リング「忠実」
(2連指輪／刻字：AMOR WEENSET OMNIA：愛こそすべてに打ち勝つ、
getrou tot inden doot：結婚のもとに固く結ばれる　死が分かつまで)

Gold Fede Ring (Two Hoops Ring):
Love conquers all, Bound tight in marriage until death
16世紀後半　オランダ
橋本貴志コレクション蔵

(内側)

200. リング「忠実」
(刻字：I AM YOURS：
私はあなたのもの)

Gold Fede Ring
17世紀　イギリス
橋本貴志コレクション蔵

201. リング(2連指輪)

Gold Ring (Two Hoops Ring)
17世紀　不詳
橋本貴志コレクション蔵

(内側)

156

202. ポージーリング
(刻字と絵文字:Our HANDS (fede) and HEARTS (twin hearts) with one consent hath tied this KNOT (marriage knot) till DEATH (skeleton) PREVENT. :
一つに和合した私たちの手(握りあう手)と心(二つの心臓)はここに婚姻の絆を固く結んだ 死(骸骨)がそれを妨げるまで)

Gold Posy Ring
17世紀 イギリス
橋本貫志コレクション蔵

203. ポージーリング
(刻字:In Love abide till Death Divide:
愛において辛抱せよ 死が分かつまで)

Gold Posy Ring
1620年 イギリス
橋本貫志コレクション蔵

206. ポージーリング
(刻字:Love is the bond of Peace:
愛は平和の絆)

Gold Posy Ring
17世紀後期 イギリス

204. リング
(2連指輪／刻字：IOHAN BOSTELMAN 1632 DEN 7 MARIUS, ANNA WOULFFS GETRAUT：花婿と花嫁の名前と結婚した日が刻字されている)

Gold Ring (Two Hoops Ring)
the German bride and bridegroom and the date of marriage
1632年　ドイツ
橋本貴志コレクション蔵

(内側)

205. リング
(2連指輪／刻字：Love him who gave thee this ring of gold：汝にこの金の指輪をあたえし男を愛せよ、Tis he who must kiss thee when thou art old：男は汝が年老いてもキスするにちがいない)

Gold Ring (Two Hoops Ring)
17世紀中期　イギリス
橋本貴志コレクション蔵

(内側)

207. リング「忠実」
Gold Fede Ring
18世紀後期　イギリス

208. リング「蛇」
Gold Ring 〈Snake〉
19世紀初期　イギリス

209. リング「忘れな草」
Gold Ring 〈Forget-me-not〉
19世紀初期　イギリス

210. リング「蛇」
Gold Ring 〈Snake〉
19世紀後期　イギリス

ウェディングケーキ

WEDDING CAKE

　ウェディングケーキは、ギリシアのロードス島で作られた香料入りのケーキが起源といわれています。18世紀後半、フルーツケーキにシュガーペーストでレースのような装飾をほどこしたウェディングケーキが作られるようになると、ロイヤルウェディングを機に、その習慣は広まりました。

　ヴィクトリア女王とアルバート公のウェディングケーキは、花を愛した女王にふさわしく、シュガーペーストで作られた100個のピンクのバラのつぼみが花綱を描くようにあしらわれ、高さ35cm、周囲270cmの大きな丸型のものでした。その後、菓子職人ウィリアム・リッチがセント・ブライト教会の塔を見て考案したといわれる三段のケーキが登場し、ウェディングケーキの主流となります。三段のケーキには、下段を招待客と食べ分かちあい、二段目を出席できなかった人へ配り、最上段を結婚記念日もしくは赤ちゃんの誕生まで大切に保管するといった意味が込められています。

Ref. 7
《シュガーケーキ》
Sugar Cake
2005年
製作：ラ・ブルーエお菓子サロン

211. シュガーケーキデザイン画（ウェディング）
Sugar Cake Design (Three-Tier Bride's Cake)
19世紀後期　イギリス

212. シュガーケーキデザイン画
　　（銀婚式）

Sugar Cake Design
(Silver Wedding Cake)
19世紀後期　イギリス

213. シュガーケーキデザイン画
　　（金婚式）

Sugar Cake Design
(Golden Wedding Cake)
19世紀後期　イギリス

レースの歴史
The History of Lace

　「東方への窓」とも呼ばれたヴェネツィアは、毛織物やガラスを産業とし、中世より東方貿易で財をなしてきました。一方、フランドルでも毛織物と手工芸産業による生産都市群が北海貿易をくりひろげ、いずれも13世紀にはすでに相互で交易していました。こうした都市は自立し、やがて商人や手工芸ギルド間での抗争から個性が芽生え、ルネサンスを生む土壌ともなりました。

　レースの歴史は、このヴェネツィアとフランドルの2都市において、1520年代、ほぼ同時期にはじまります。当時は金、銀、多色の糸に真珠や珊瑚などの宝石をまぜて刺繍した華やかな衣装を作ることが日常化しており、過剰消費による個人の財政貧窮に対処するための経済的理由から贅沢禁止令が幾度となく出されていました。そうしたなか、それらを用いず洗練された服飾を開発しようと、白糸刺繍とカットワークの技法を発展させたレースが誕生します。

　レースの普及は印刷物の普及と一致しており、パターンブックによってヨーロッパ各地へ伝播しました。レース産業は麻が豊富で、漂白の技術をもち製糸のできる地方で拡大していきました。当時のレースは宝石よりも高価で、富と権力の象徴、社会的地位をあらわすものとして、王侯貴族のとくに男性の服飾に使われるようになりました。白く柔らかく美しいレースは、当時の地味な色の衣装に映え、ルネサンス期の多くの肖像画にも見ることができます。しかし、

Pl. 10
《シャンティリレースをまとう若きヴィクトリア女王》
1837〜38年　C. E. ワグスタッフ
ナショナル・ポートレート・ギャラリー蔵

18世紀後半のロマン主義の風潮のなか、レースは女性のものへと移行し、19世紀に入ると紳士服の装飾からは消滅しました。

　イギリスではヴィクトリア女王が結婚式にデヴォン州のホニトンレースを着用したことからファッションには欠かせないアイテムとなりました。そして女性の襟とドレス飾りが主流となり、機械化が進むにつれ、大きなショールも流行し、レースはヴィクトリア時代の女性たちを彩るようになったのです。

初期のボビンレースとニードルワーク

THE EARLY BOBBIN LACE AND NEEDLEWORK

　レースの製作技術は16世紀から17世紀初頭にかけて発達しました。レースの中でも二つに大別される「ニードルポイントレース」はカットワークから、「ボビンレース」は飾り組紐の原理から発展したもので、デザインはシンプルで幾何学的なもの、幅のせまい流線模様のテープ状が基本型でした。

　基本的なデザインをもつこれらの初期レースは、ヴェネツィア、フランドル諸都市から発展し、やがて18世紀にはとくに農民たちのあいだで作られ、さらに19世紀後期から20世紀にかけては、複製であっても良質なものが数多く製作されたため、現存するレースの時代判別は、大変難しいものとなっています。

214.
① ドロンワーク（Drawnwork）[*1]したリネン布、16世紀後期〜17世紀初期、イタリア
② 幾何学模様のボビン製インサーション（挿入、折込）レース、16世紀後期〜17世紀、イタリア
③ カットワークを施したリネン布、16世紀後期〜17世紀初期、イタリア
④ ボビンレースの縁飾りがついたレティセラ[*2]レース、16世紀後期〜17世紀初期、イタリア
⑤ ブレード（ボビンで編んだ組紐）を使ったプント・イン・アリア[*3]レースの縁飾りがついたレティセラレース、17世紀初期、イタリア
⑥ ボビン製の縁飾り、17世紀初期、おそらくフランドル
⑦ ボビン製の縁飾り、1625〜45年頃、おそらくイタリア
⑧ ブレード（ボビンで編んだ組紐）を使ったレティセラレースの袖口飾り、1900年頃
⑨ リネン布にカットワークを施したスタンドカラー（立て襟）、1900〜10年

[*1]　ドロンワーク：布に刺繡を施し、透かしを入れたい部分の糸を抜きとり、そのまわりをかがって布地に模様を描く方法。
[*2]　レティセラ：布地に刺繡してから織糸を引き抜き、さらにボタンホールステッチで補強し模様を作る方法。イタリア語で格子またはネットの意味。ニードルレース技法の源。
[*3]　プント・イン・アリア：布地の格子（骨組み）を用いず糸だけでステッチする方法。最初のニードルポイントレース。空中ステッチと訳せる。

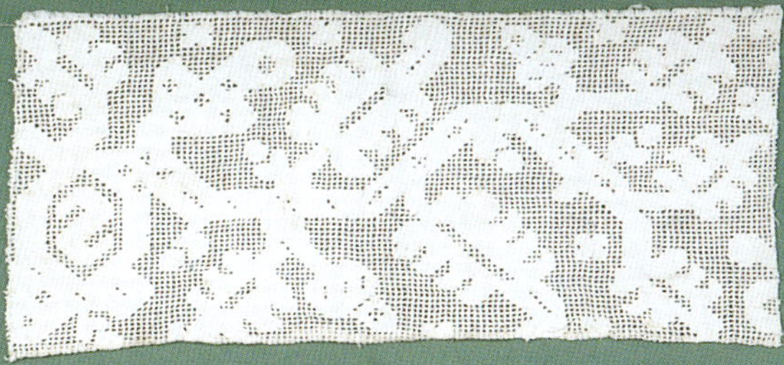

①

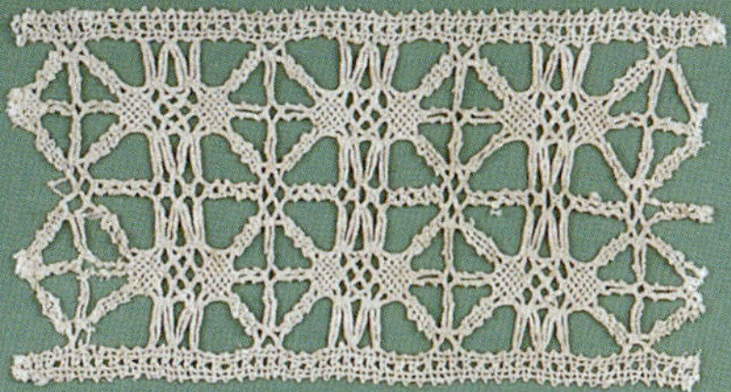

②

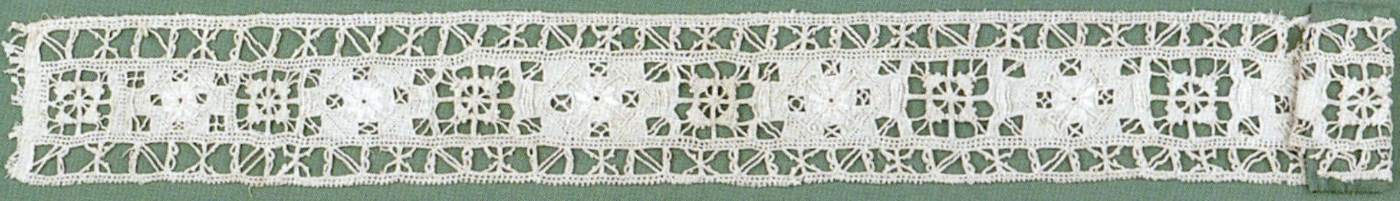

③

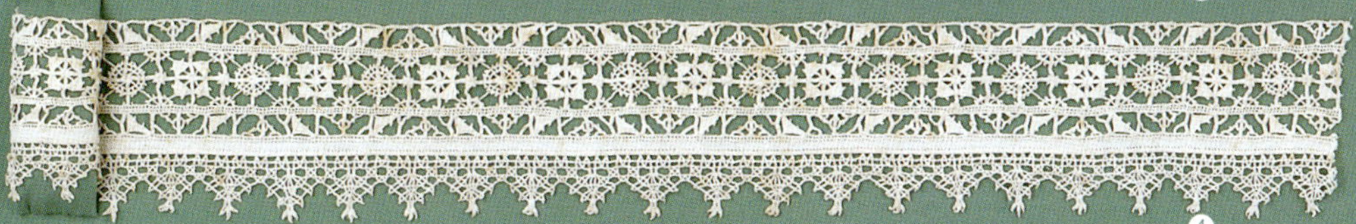

④

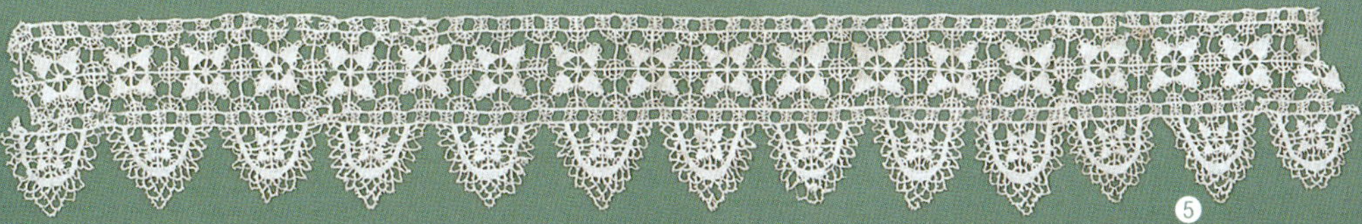

⑤

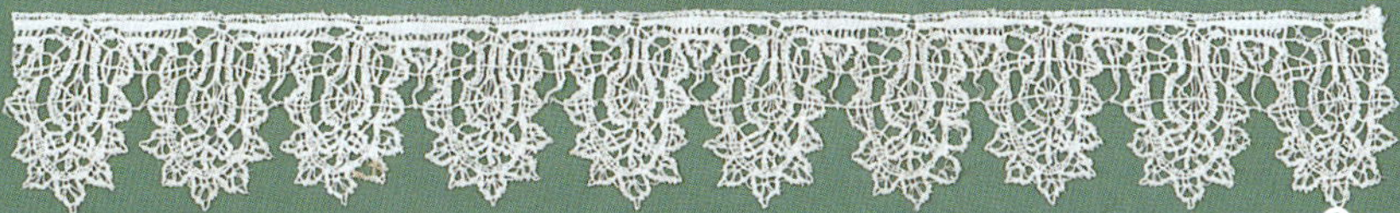

⑥

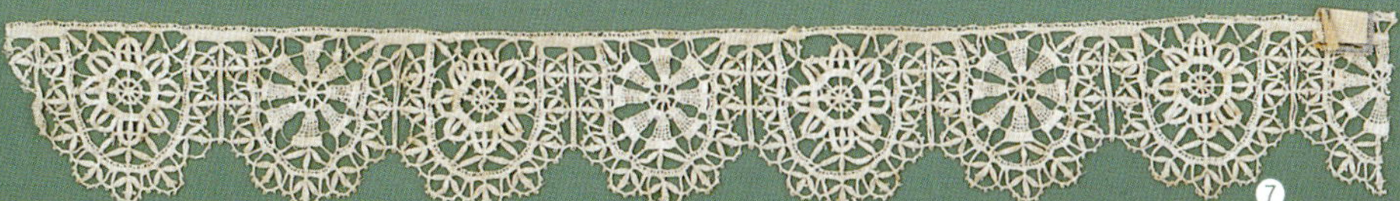

⑦

⑧

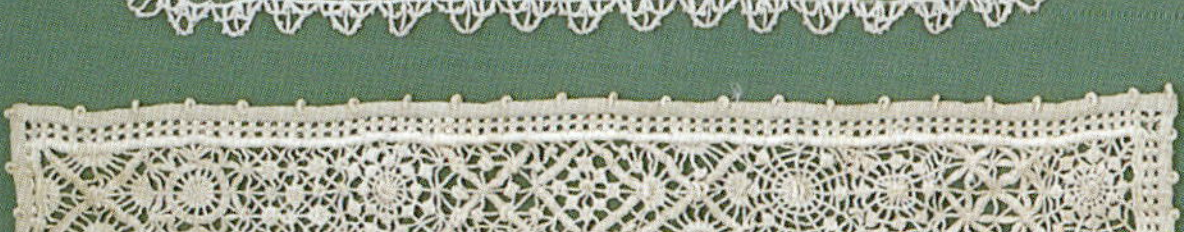

⑨

ヴェネツィアのニードルポイントレース

Venetian Needlepoint Lace

　ヴェネツィアは初期のニードルレース産業の中心地でした。これらのレースは、「ヴェネツィアン・グロ・ポイント」と呼ばれ、エキゾティックでバロック風なデザインで17世紀のヨーロッパ中の宮廷王室を賑わせた、「浮き出し装飾」をもつニードルポイントレースです。モチーフの輪郭を立体的に見せる「ローズポイント」（浮き上がったの意）レースともいわれ、いつの時代においても高価で、威厳あるレースとされてきました。流行は18世紀まで続きましたが、デザインは時代を経て渦巻や小枝のラインを表現するものへと簡略化していきました。

215.

❶ 流れのある美しいバロック風デザインと浮き出し装飾がほどこされているヴェネツィアン・グロ・ポイントの裾飾り、1660〜80年頃

❷ 二つの非対称のモチーフが交互にくり返されるヴェネツィアン・ローズポイントの縁飾り、1675〜1700年頃

❸ ヴェネツィアン・ローズポイントの縁飾り（複製品）、19世紀末、おそらくアイルランド

❹ 「コラリン」と呼ばれる珊瑚のように枝分かれしたデザインを際だたせるため、表面を平らに仕上げ、ボタンホールステッチの輪を散りばめた縁飾り、1690〜1710年頃

❺ ❷のレースに似た縁飾りだが、ヴェネツィアン・ローズポイントに似た平面的なニードルポイントレースで、表面に浮き出し装飾がなく、より早く安価に仕上げられている、1675〜90年頃

① ② ③ ④ ⑤

フランドルとミラノのボビンレース
FLEMISH & MILANESE BOBBIN LACE

　フランドル地方は麻が豊富で、漂白の技術があり製糸ができたので、とくに産業が発達しました。ヴェネツィアのニードルポイントレースと双璧をなし、複数のボビンを用いることで、緻密な模様を編み、いっそう豪奢なボビンレースを製作しました。16世紀後半から17世紀にかけては、イギリスのエリザベス女王やチャールズ1世、スコットランドやフランスの王室宮廷が顧客となり、フランドル産のレースは「権威の象徴」として当時の諸王の肖像画のなかに見ることができます。その細密なレースを忠実に描いた芸術家の名前がとられ、今では「ヴァン・ダイク様式のレース」とも呼ばれています。

　1680年以降には、フランドルでもフランスの影響下に新古典主義様式のレースが流行し、ヴェネツィア発祥のニードルレース技法をとりいれた、独特のブリュッセルレースが誕生し、隆盛を極めました。一方、17世紀後半の北イタリア、とくにミラノにおいても、ヴェネツィアのニードルポイントレースに類似した手のこんだバロック風デザインのボビンレースが製作されます。

　ここでは、ニードルレース技法をとりいれたフランドルとミラノのボビンレースを見ることができ、いずれも花瓶から溢れでるような花々の葉や小枝が、左右対称に渦形装飾となって「カルトゥーシュ（花枠）」を形づくっています。このような様式は「カンデラブル（枝付大燭台）」とも呼ばれました。

216.
① カンデラブル様式の裾飾り、1690〜1710年頃、フランドル
② 末端が広がった渦巻形の葉や茎、エキゾティックな花の頭部がデザインされたイタリアンバロック様式の典型的な裾飾り、1660〜80年頃、ミラノ
③ イタリアンバロック様式が簡略化した裾飾り、17世紀後期〜18世紀、ミラノ

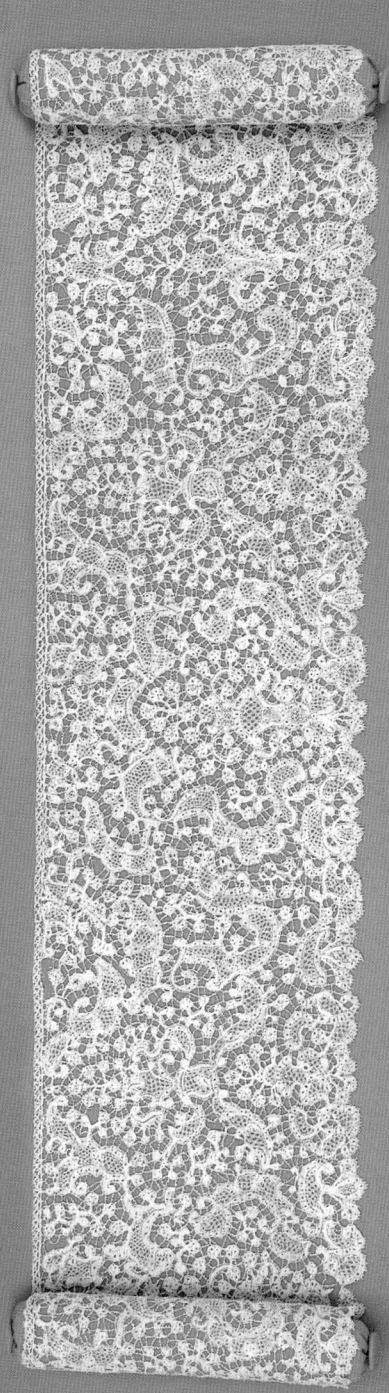

① ② ③

フランスのニードルポイントレース

FRENCH NEEDLEPOINT LACE

　フランスでレースが作られるようになったのは、ヴェネツィアのレースを好んだルイ14世が自国でも生産されるよう奨励したことからはじまります。ノルマンディー地方のアランソンやアルジャンタンの町には王立製作所が設置され、ヴェネツィアやフランドルの技術を学びましたが、当初は模倣にとどまり、ヴェネツィアのレースに見る「浮き出し装飾」を踏襲するには時間がかかりました。次第に独自の技術を身につけるようになり、ここでは、17世紀後期から18世紀初期にノルマンディー地方のアランソンやアルジャンタンで作られた「ポワン・ド・フランス」と呼ばれるニードルポイントレース、その特徴であるピコット（飾り縁取り）によるレース、18世紀後期に開発されたトルティレ・グランドなど、グランド（ボビンまたはニードルで作られたレースの網目地）を使うことですべてのモチーフの輪郭を規則正しく浮き出させたニードルポイントレースを見ることができます。

217.
① ポワン・ド・フランスのアンガジャント（袖口を飾る装飾レース）、1705〜25年頃
② アランソンで作られたヴェネツィアのレースに似せたアルジャンテラレースの縁飾り、1750〜60年頃
③ アランソン・グランドのラペット（頭部から垂らす飾り）一組、1765〜80年頃
④ アルジャンタン・グランドの縁飾り、1790〜1810年頃
⑤ アルジャンタン・グランドの縁飾り、1760〜70年頃

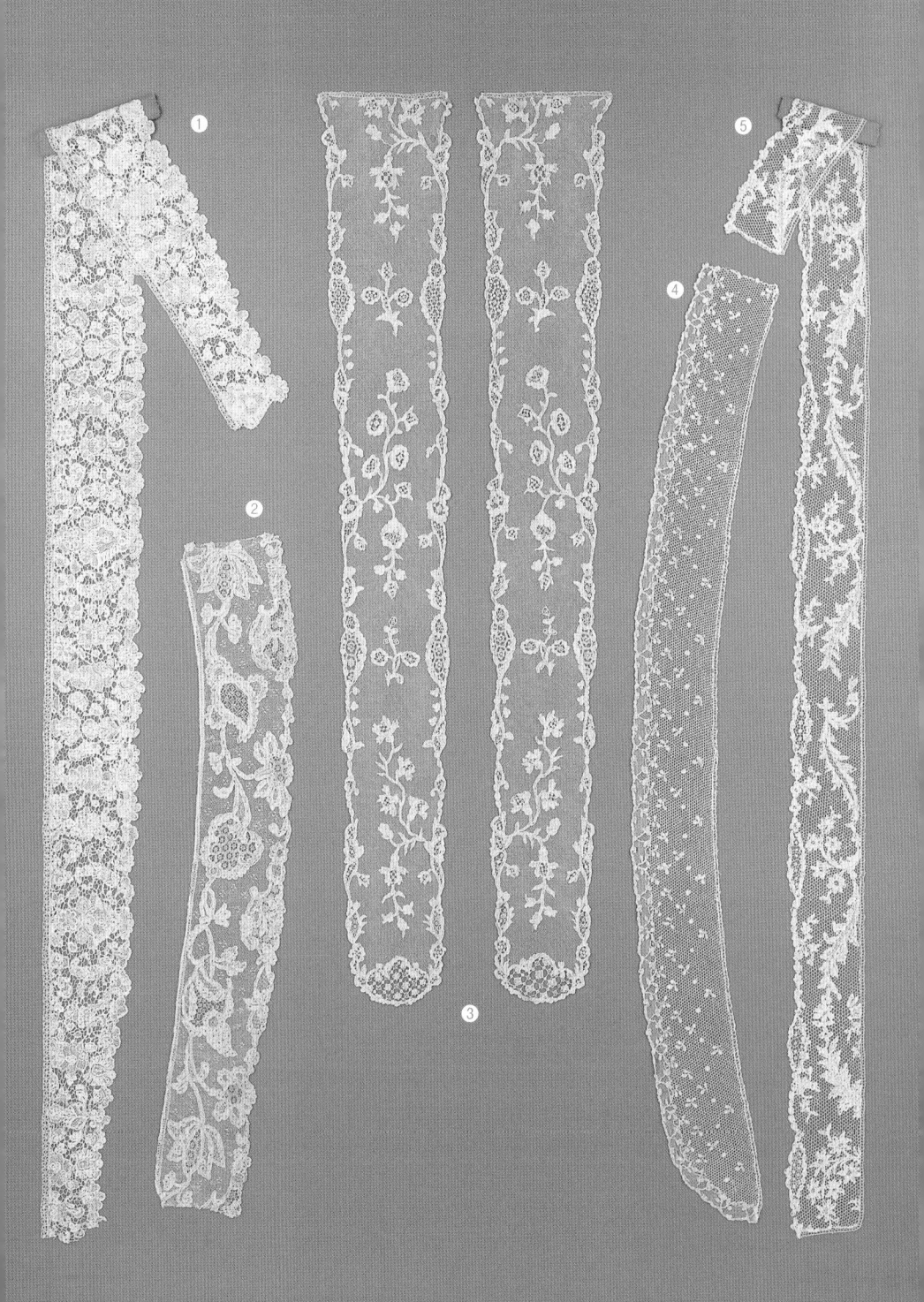

171

ブリュッセルニードルポイントレース

BRUSSELS NEEDLEPOINT LACE

　フランドル地方のニードルポイントレースは、ボビンレースの発展に比べ影が薄かったといえます。17世紀末、フランドルのボビンレースがすでにフランスの「ポワン・ド・フランス」に人気を奪われると、レース工たちはニードルレース技法をとりいれ、当時流行していた幅広のひだ飾りを作るようになりました。モチーフを作り、さまざまな網目地をもつグランドをつなぐことによって変わり編みを可能にし、大きな作品を複数の人間で一度に製作する「ピエス・ラポルテ」技法などを生みだしました。

　ここに見るブリュッセルニードルポイントレースは、フランスのニードルポイントに比べ、モチーフの輪郭の浮き出し装飾が柔らかく、グランドも異なっています。モチーフをつないで作るさまざまな方法を紹介します。

218.

❶ ボビン製のドゥロシェル（六角形の細かな網目地）グランドによるブリュッセルニードルポイントレースの縁飾り、1780〜1800年頃
❷ ポワン・ド・ガーズ[*1]の縁取りがついたハンカチーフ、19世紀後期
❸ 表面に白糸刺繍がほどこされた上質のエルツゲビルゲ（Erzgebirge：エルツ山地に生まれたブリュッセルニードルポイントレースの模造品）のカラー（襟飾り）、1870年頃
❹ ポワン・ド・ローズ（花びらのモチーフに幾枚かの花びらをアップリケして立体的効果を出した浮き出し装飾）のカラー（襟飾り）、19世紀後半
❺ ブリュッセルニードルポイントレースにアップリケのある縁飾り、19世紀後半

[*1] ポワン・ド・ガーズ：ニードルレース技法によるグランドで、当初フランスのアランソンレースの模造品だったが、ブリュッセル特有のレースとなった。すべてニードルレース技法で仕上げることから、フランドルのなかでも高価になり、アランソンレースよりも明るい印象で人気があった。

173

18世紀のブリュッセルとデヴォンシャーのボビンレース

18TH CENTURY BRUSSELS & DEVONSHIRE BOBBIN LACE

　18世紀のレース産業においては、より透き通ったしなやかなレースが作られることに力が注がれました。当時レースの種類は、生産地によって技術的に特色のあるレースが作られたことから、ヴェネツィア、ブリュッセル、デヴォンシャー、アルジャンタン、ヴァランシエンヌ、メッヘレン、シャンティリといった土地の名前がつけられ、それぞれの技法が表現されました。

　一般にブリュッセルレースはより優れたデザインと糸で作られており、上質と考えられていますが、ブリュッセルとイギリス、デヴォンシャーの二つの生産地で作られたレースは明確に区別するのが難しくもあります。

219.

❶　1720年代の流行を想起させる模様が詰まったボビン製の女性用ラペット（頭部から垂らす飾り）、縁のモチーフが左右対称になっていることから後年の1730〜50年頃のものと思われる、ブリュッセル

❷　ドゥロシェル（六角形の細かな網目地）グランドを使った浮き出し装飾のあるボビン製の女性用ラペット、1745〜60年、ブリュッセル

❸　縁飾り、浮き出し装飾に初期の発達が見られる、1700年頃、ブリュッセル

❹　ドゥロシェル・グランドの縁飾り、1730年頃、デヴォンシャー

❺　ドゥロシェル・グランドの縁飾り、1755〜75年頃、デヴォンシャー

❻　ドゥロシェル・グランドの縁飾り、1760〜80年頃、デヴォンシャー

❼　縁飾り、多くのデヴォンシャーレースに見られる花や葉のモチーフが簡略化して、渦巻やナメクジのようになったシンプルなデザイン、1720年頃、デヴォンシャー

❽　ドゥロシェル・グランドのクイリングレース、両側に縁飾りがあり、襟元からドレスの裾にかけて縫いつけ衣装の装飾に使われた、1790〜1800年頃、おそらくデヴォンシャー

175

ブリュッセルのボビンとニードルポイントの混成レース

Mixed Brussels Bobbin and Needlepoint Lace

　ブリュッセルはボビンレースの技術で隆盛を極め、17世紀末になってニードルレース技法をとりいれることで、「ピエス・ラポルテ」や変わり編みによるヴァリエーションを数多く生みだしてきました。

　18世紀初期からすでに、ここに見られるような二つの技法による混成レースが製作されていました。

220.

① ボビン製のアップリケのあるレースと小さなフィリングのあるニードルポイントレースの混成が見える裾飾り、リボンや帯が交差するガーランド（花綱）様式や花束のデザインは19世紀後半の典型だった、1850〜75年頃

② ポワン・ダングルテールの縁飾り、1850〜75年頃

③ ニードルレース技法をとりいれたブリュッセルデュシェス（公爵夫人の意）レースのバーサカラー（襟ぐりをとりまく幅広のレース飾り）、1890〜1910年頃

177

ヴァランシエンヌボビンレース

VALENCIENNES BOBBIN LACE

　ヴァランシエンヌはフランス北部の町で、18世紀ロココ時代を代表する画家、アントワーヌ・ヴァトーの出身地でもあります。ノルマンディー地方のフランスレースの生産都市のひとつでしたが、地理的にもフランドルの影響が強く、当時アントワープ周辺で作られたボビンレースを踏襲し、「連続技法」と呼ばれる方法で製作されていました。連続した長く細い糸を使い、数百、数千のボビンを用いて編むことから、高度な技術と膨大な時間を要するといわれています。

　18世紀には典雅なフランス風スタイルを確立し、当時フランスのルイ15世にも愛されました。まっすぐな縁のなかにモチーフの輪郭を完全に平らにしながらくっきりと描く、細密でクリームのような白さの際だつレースは人気を得ました。

　多様なメッシュグランドがあり、網目地が円形のグランドは1740年以降、スクウェア形のグランドは1780年以降のものと考えられますが、19世紀には技法も混合し、製作する町も増え、連続する糸での生産ではなくなりました。

221.

❶ 18世紀初頭にしばしば見られる「5つの穴（ホール）」と呼ばれるグランドに編んだ縁飾り、この作品の製作には数百本のボビンが必要であり、そのデザインと技術をしのぐものは現在でも難しいといえる、1720〜30年頃
❷ 5ホール・グランドの縁飾り、1730〜40年頃
❸ 円形のグランドの縁飾り、1750〜60年頃
❹ 円形のグランドの縁飾り、1765〜80年頃
❺ スクウェア形のグランドをもち、ヴァランシエンヌレースにはめずらしく幅の広い裾飾り、1850〜70年頃
❻ スクウェア形のグランドのヴァランシエンヌレースの縁飾りがついたチャリスベール（聖杯の上にかける）、19世紀初期
❼ 細い縁飾り（5点）、これらの縁飾りは何千メートルも製作され、下着やベビーウェアの装飾に使われた、19世紀後半〜20世紀初期

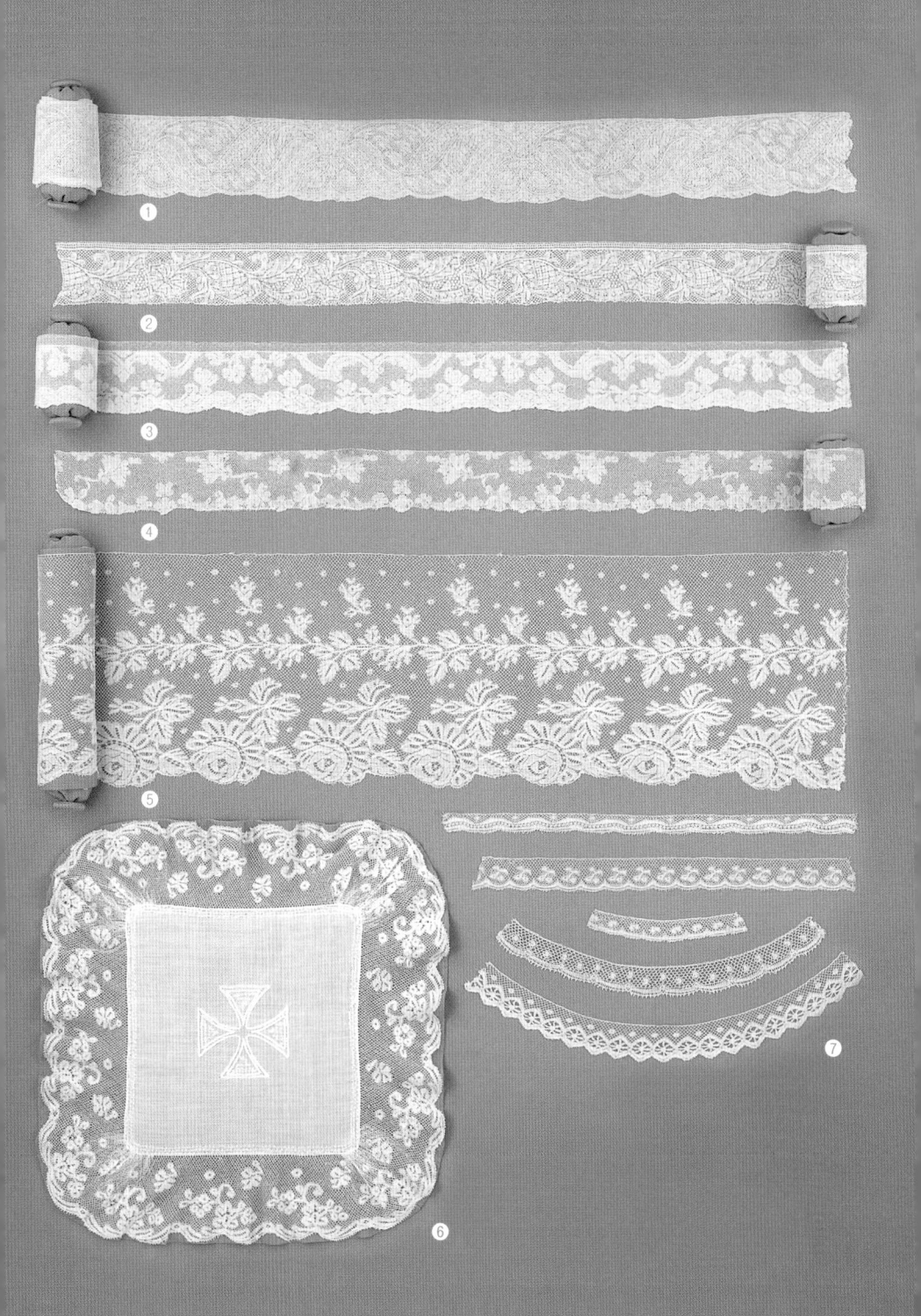

179

メッヘレンボビンレース
MECHLIN BOBBIN LACE

　フランドル地方のレース生産都市のひとつ。仏名はマリーヌ。メッヘレンボビンレースもまたヴァランシエンヌ同様、連続技法による製作方法で、縁取りに白くて太い糸を使用することで輪郭に柔らかな特徴をつけ、町の紋章である四葉のクローバーを装飾のモチーフにしています。とくに18世紀にはヨーロッパ中の王室宮廷で大流行し、もっとも美しいレースと称えられたことから、多くの複製品も製作されました。

　ここでは18世紀から19世紀を通してデザインが変化してゆく様子を紹介します。19世紀には行商人によって広まり、地方の民俗衣装にも多用されました。ほとんどのものは「アイス」（4本糸を交差させた六角形の網目地）と呼ばれるネットグランドをもっています。

222.

① 縁飾り、1720〜40年頃
② 縁飾り、二つ折りに使用してダブルフリル（二重フリル）の効果を生む、1740〜1760年頃
③ 複雑な雪の結晶のようなグランド地の縁飾り、18世紀初頭
④ 縁飾り、1750〜60年頃
⑤ 縁飾り、1750〜65年頃
⑥ 縁飾り、1760〜80年頃
⑦ 縁飾り、19世紀初頭
⑧ インサーションレース、1800〜10年頃
⑨ 縁飾り、1830〜40年頃
⑩ 縁飾り、1825〜50年頃
⑪ 縁飾り、1850〜75年頃

181

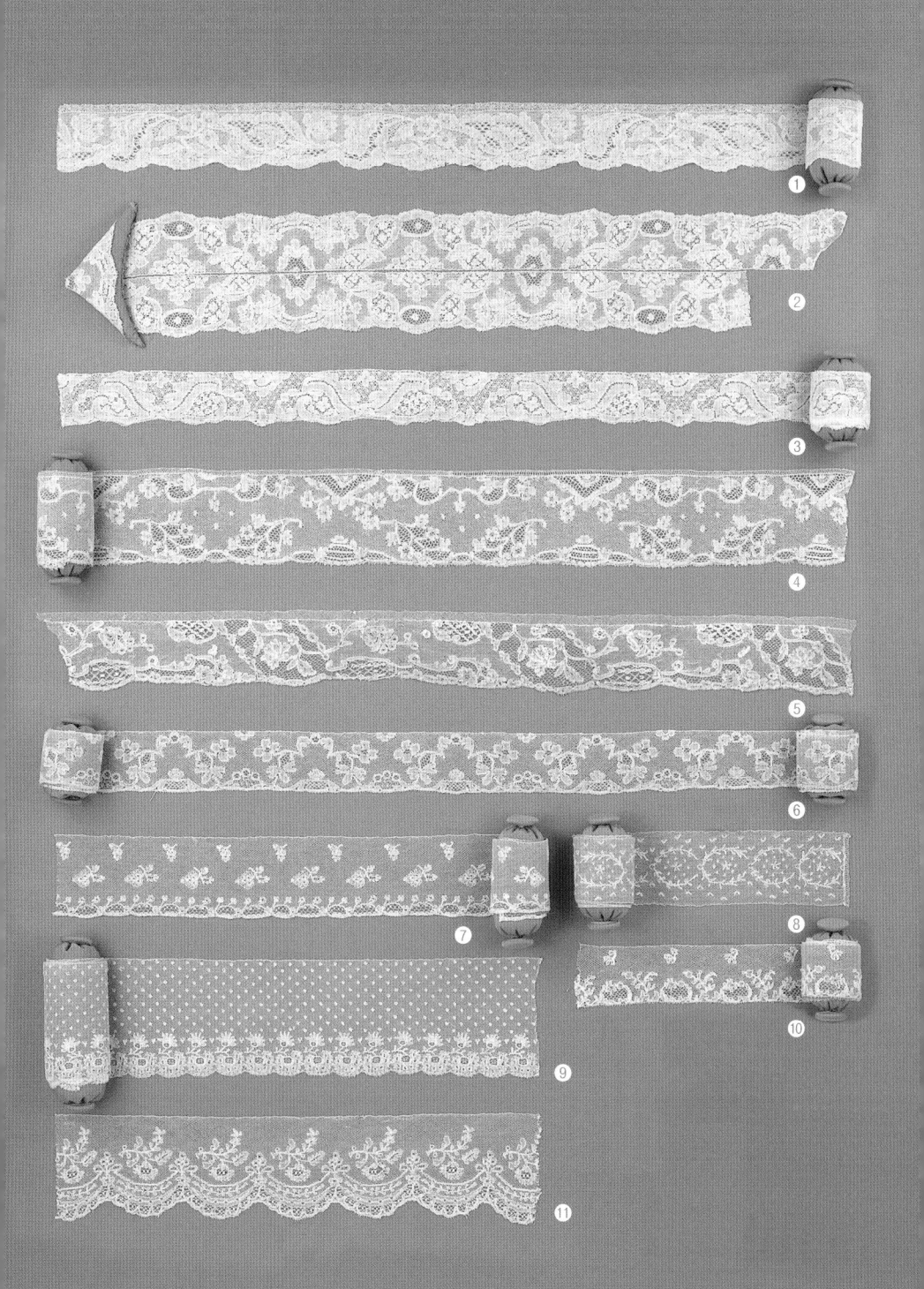

シャンティリとブロンドのボビンレース
CHANTILLY AND BLONDE BOBBIN LACE

　シャンティリとブロンドはいずれも多数のボビンを使って作る連続技法で、連続する一本の糸で編まれたボビンレースです。
　シャンティリレースはフランス、パリ近郊の都市シャンティリに由来し起源をもちますが、1840年以降ノルマンディー地方で多く作られるようになりました。レースの特徴は黒い絹糸を使い、「フォンシャン」と呼ばれる2本糸を交差させた網目地をもち、格子やハーフステッチのデザインパターンで、軽く開放的な効果を出しています。帯状に作られたレースを縫い合わせる「ポワン・ド・ラクロック」という技法も1850年頃に開発され、幅広のレースや大きなショールの製作を可能にしました。
　ブロンドとは、このレースに使われた絹糸が淡黄色の生成りだったことに由来しており、17世紀からパリ近郊で生産され、黒や色のついた絹糸や金属糸を使うことから、1760年代以降、話題になりました。光沢のある絹糸で大胆な図柄をクロスステッチするので、ネットに使用される繊細な糸に対して豪華な印象をあたえます。1830年代以降は、ウェディングレース、ベールといった花嫁衣装にも用いられました。

223.
① 「グレナデン」と呼ばれる黒い絹糸で作られた典型的なシャンティリレースの裾飾り、ポワン・ド・ラクロックによって帯状に作られたレースが完璧に縫い合わされている、1850～70年頃
② ブロンドレースの縁飾り、デザインは1830～40年頃のものを復刻した、おそらく20世紀初期
③ シャンティリレースの技法で作られているが、ブロンドレース特有の糸を使用しているブロンド・シャンティリレースの縁飾り、1825～45年頃
④ ブロンドレースの縁飾り、19世紀中期

183

マルティーズとル・ピュイのボビンレース

MALTESE AND LE PUY BOBBIN LACE

　マルティーズレースの発祥は地中海に浮かぶマルタ島です。マルタは1798年のナポレオンのエジプト遠征時に占領されましたが、その没落後はイギリスの支配下に入り、インドへの中継地点として交易の中心にもありました。そこで作られた作品にはどれもトレードマークにマルタ十字がほどこされています。連続技法のギピュール（モチーフ同士を大きな網目でつなぐ）レースで、蔓がはうようなラインと幾何学模様、様式化した花のモチーフが混ざる、17世紀初期のデザインパターンを基礎としています。

　ル・ピュイを中心としたフランス、オーヴェルニュ地方のレース生産都市でもマルティーズに類似した太い絹糸によるギピュールレースが製作されました。そのデザインはじつに洗練されており、ル・ピュイはサンティアゴ・デ・コンポステーラへの巡礼の開始地点でもあったことから、レースが土産品となって世界中に広がりました。

224.
① ル・ピュイレースの裾飾り（黒絹糸）、規則的な網目を形どるように一面に施されたピコット（飾り縁取り）と縁に見られる花模様はその典型といえる、1850〜80年頃
② マルタ十字のデザインをもつマルティーズレースのスカーフ（絹糸）、19世紀後期〜20世紀初期
③ ボンネットのベール（黒絹糸）、1850〜60年代

185

19世紀のブリュッセルボビンレース

19TH CENTURY BRUSSELS BOBBIN LACE

　19世紀のボビンレースの中心地は依然としてブリュッセルでしたが、ベルギー国内のいたるところでも作られるようになりました。1850年代には、それまでボビンで作られていたドゥロシェル・グランドが、機械製のネットあるいはポワン・ド・ガーズといったニードルレース技法で製作されたグランドに取って代わられ、機械製のチュール地にアップリケする方法、モチーフ同士をバーでつなぐギピュールによる方法もとりいれられました。完全にボビンだけで製作されたのは「ブルージュデュシェスレース」、ニードルレース技法との混合によるものは「ブリュッセルデュシェスレース」として知られます。

　19世紀末期、機械製のレースが簡単に手に入るようになると、ハンドメイドによるアンティークレースを集めることが流行します。20世紀初頭までに、レースと刺繍の展覧会が頻繁に開催されるなか、アンティークレースへの関心が高まり、ヴェネツィアの古典的なレースを模した「ロザリーヌレース」など、初期のデザインが復活しました。

225.
❶ ボビン製のドゥロシェル・グランドに編んだブリュッセルボビンレースの縁飾り、1820～30年
❷ ブルージュデュシェスレースの縁飾り、1850～1900年
❸ 機械製のネットグランドに編んだブリュッセルボビンレース、1840～50年頃
❹ 17世紀後期のフランドル地方で作られたボビンレースのデザインを復活させたロザリーヌレースのカラー（襟飾り）、1900年頃
❺ 「ロココレース」のカラー（襟飾り）、このロザリーヌレースのヴァリアントは17世紀イタリアのボビンレースから派生したもので、ベルギーやイタリアのカントゥで作られた、1900～10年頃

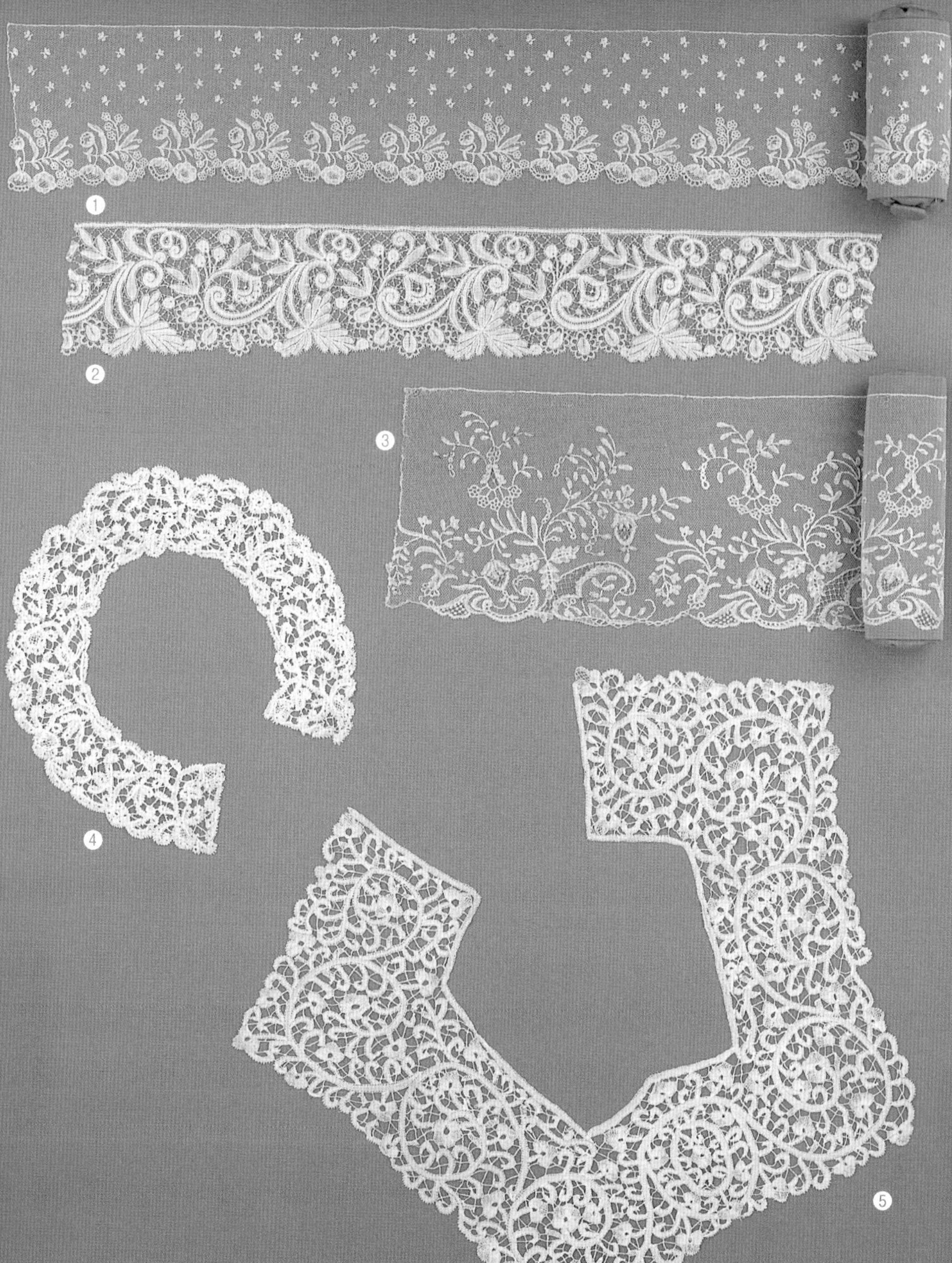
1
2
3
4
5

バッキンガムシャーポイントボビンレース

BUCKINGHAMSHIRE POINT BOBBIN LACE

　バッキンガムシャーはイギリスの南東部の地域で肥沃な農地があり、かつてはロスチャイルド家も所有し、パリやブリュッセルの物資も彼らの鉄道事業によってこの地へ運ばれました。

　バッキンガムシャーポイントレースとして知られる連続技法のボビンレースは、「バックスポイント」と呼ばれるシンプルなグランドとモチーフの輪郭取りに使われる太い糸が特徴です。細い縁飾り用のレースとして作られたものが多く、ロココ様式を復活させたデザインも目立ちます。

　このタイプのレースは18世紀後期に発展し、20世紀に入ってからもヨーロッパの各地で生産されたことから、今やその生産地を特定することは難しいとはいえ、ここで紹介する作品は、おそらくイギリスのイーストミッドランド地方、バッキンガムシャー、ベッドフォードシャー、あるいはノースハンプトンシャーのいずれかで製作されたものと推定されます。

226.

① ボンネットのベール、ベール本体は水平に作られており、四方の縁飾りは別に作られた。本体のデザインは新古典主義様式といえる、1800〜15年頃
② バックスポイント・グランドのカラー（襟飾り）、ロココ様式のリバイバル、1840年代
③ ギャザーを寄せてドレスの襟のフリルに使われた縁飾り、ロココ様式のリバイバル、19世紀中期

189

ベッドフォードシャーギピュールボビンレース
BEDFORDSHIRE GUIPURE BOBBIN LACE

　ベッドフォードシャーは、イギリス東部の都市で、今でもイギリスの内陸部と北部を結ぶ主要な輸送路が走る地域です。

　ベッドフォードシャーレースは、ギピュール（モチーフ同士を大きな網目でつなぐ）レースという特徴をもち、19世紀中期にとくに発達しました。おもに連続技法で製作され、幾何学模様や曲がりくねったラインのマルティーズレースの複製品も多く見られますが、花模様に傑出した独自のデザインを見ることができます。このレースは「ベッドフォードシャー」と呼ばれ、イギリスのイーストミッドランド地方のレース生産地やヨーロッパ各地でも作られました。

227.

❶ 連続技法によるベッドフォードシャーレースにはめずらしい幅の広い裾飾り、1850〜75年頃
❷ 女性の装飾品に用いられたタイ、細い糸で作られた浮き出し装飾の「タイユ（カット）」と呼ばれる技法がおもしろい、1870〜90年頃
❸ イギリス、イーストミッドランド地方で使われたボビン、木製や骨製のものに真鍮のワイヤーやペイントで装飾し、ボビンの錘りとなるようガラスビーズの輪（スパングル）がつけられている
❹ 高度な技術を要する美しい花模様のカラー（襟飾り）、19世紀後期〜20世紀初期

①

②

③

④

191

ホニトンボビンレース

HONITON BOBBIN LACE

　ホニトンはイギリスの南西部デヴォン州に位置し、かつてはデヴォンシャーレースの生産地でした。19世紀中期、ブリュッセルレースに新しくモチーフをつなげて作る「デュシェスレース」が生まれ、同様のものがデヴォンシャーホニトンの町でも作られるようになりました。イギリス王室の洗礼式ではヴィクトリア女王の第1王女のために作られたホニトンレースの洗礼服が代々受け継がれ、150年以上経った今でも使われています。ホニトンレースは日本のレースのルーツともいわれており、日本へは1880年にイギリス人女性（スミス夫人）によって伝えられました。そして86年に宮中で洋服が礼装として正式採用されたのを機に、国内でも作られるようになりました。

　ここでは、非連続技法と呼ばれる別々に作られたホニトン特有のモチーフをつなぐためのさまざまな方法を紹介します。

228

❶ ボビン製のホニトンモチーフをニードル製のネットグランド地でつないだカラー（襟飾り）、1870～80年頃

❷ ピコット（飾り縁取り）のあるボビン製ブレード（バー）でつないだホニトンギピュールレースの女性用ラペット（頭部から垂らす飾り）、1850～70年頃

❸ ホニトンレースに使用される小物類：
　・ホニトンモチーフのデザインパターン（型紙）
　・ホニトンのボビン、カラーバンド（帯）やレタリング、チラシ模様が見える
　・黒い糸によるホニトンモチーフ（おそらく喪のため）

❹ ホニトンモチーフの数々（時計まわりに）
　・ベビー用ボンネットの底部のアテ
　・典型的なテューダーローズとアザミの花模様と立体的な羽をもつ蝶
　・ベビー用ボンネットの底部のアテ
　・スズランのモチーフ

193

イギリス王室のレース

BRITISH ROYAL LACE

　ヴィクトリア女王は、最愛の夫アルバート公の死後、ずっと黒い衣装で過ごしたといわれています。この作品は、彼女の数あるショールのコレクションのひとつで、なかでも黒いホニトンレースは非常にめずらしいことから、貴重なものといえるでしょう。
　ショールのトップにデザインされているシダのモチーフは、当時イギリスで大流行したシダの研究や温室栽培に端を発する「フェンフィーバー（シダブーム）」のあかしといえ、3つに形どられたシダの枝は、イギリス（ウェールズを含む）とスコットランド、アイルランドを総称した大英帝国を表わすものといわれてます。またショール全体には、一面にイングリッシュローズがちりばめられ、エッジにそって王室の紋章のひとつである「ハープ（竪琴）」もデザインされています。

232. ヴィクトリア女王のショール

Shawl of Queen Victoria
1865年頃　イギリス
ダイアン・クライス氏蔵

ホニトンレースはイギリス南東のデヴォン州にあるホニトンの町の名前に由来します。ヴィクトリア女王は、国の産業発展と繁栄のために、たくさんのホニトンレースをウェディングはじめ多くのセレモニー用にオーダーし、家族たちへプレゼントしました。このハンカチーフもまたヴィクトリア女王に心から尽くしてくれた最愛の娘アリス妃へ、そのウェディングに際して贈られたものです。

233. アリス妃のウェディングハンカチーフ
Wedding Handkerchief of Princess Alice
1862年　イギリス
ダイアン・クライス氏蔵

大英帝国のプリンセスであるアリス妃をあらわす「アザミ」と彼女のイニシャルが刺繍されています。イギリス王室において、このようなハンカチーフは非常に大切にされてきました。残念ながら、アリス妃は35歳の若さでこの世を去りましたが、ハンカチーフは21世紀の今も「アリス」の名前を色鮮やかに残しています。

234. アリス妃のハンカチーフ
Handkerchief of Princess Alice
1878年頃　イギリス
ダイアン・クライス氏蔵

文：ダイアン・クライス

240. 日傘
Parasol
1890年頃　イギリス

241. 日傘
Parasol
1880〜90年頃　イギリス

236. ブリュッセル
デュシェスレース
の扇

Brussels Duchess
Lace Folding Fan
1880〜90年頃
フランスまたはベルギー

237. シャンティリ
レースの扇

Chantilly Lace
Folding Fan
1880〜90年頃
フランスまたはベルギー

238. ポワン・ド・ガーズ
レースの扇

Point de Gaze Lace
Folding Fan
1880〜90年頃
フランスまたはベルギー

229. カラー（襟飾り）
　　　Lace Collars
　　　19世後期　ベルギー、イギリス

① ブリュッセルデュシェスレース
② ブリュッセルデュシェスレース
③ ホニトンレース

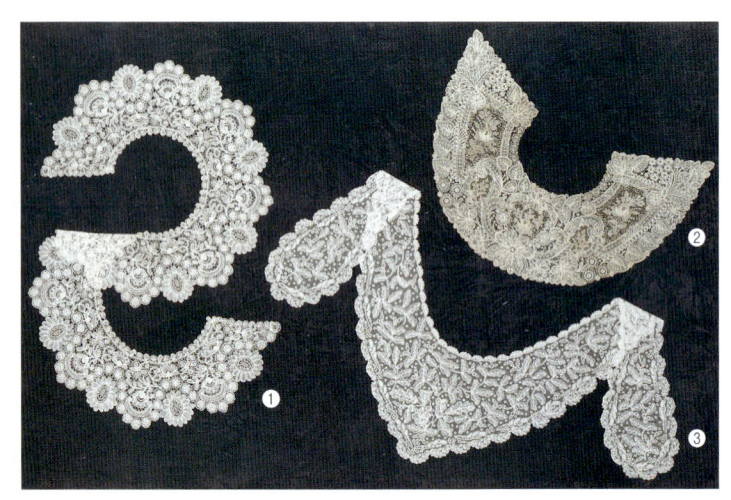

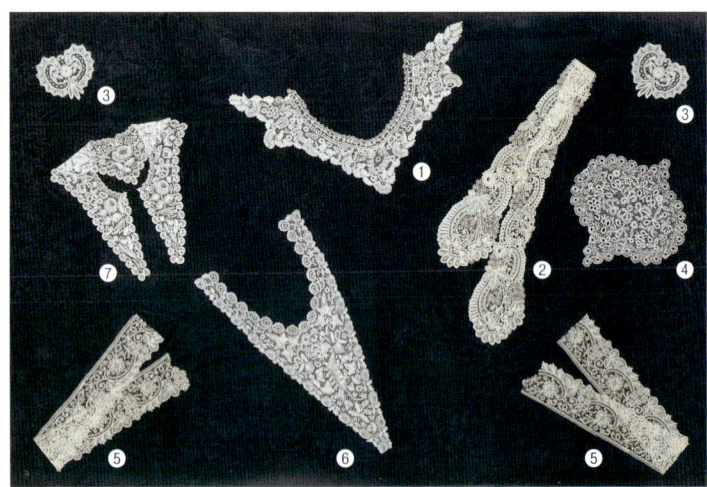

230. 19世紀のレース
　　　飾りいろいろ
　　　Lace Ornaments of
　　　19th Century
　　　19世紀後期　ベルギー、イギリス

① カラー（ホニトン）
② タイ（デュシェス）
③ モチーフ（デュシェス）
④ 婦人用ボンネットの
　　底部のアテ飾り（ホニトン）
⑤ 縁飾り（デュシェス）
⑥ ジレ（胴着、上着の下に着て
　　ブラウスに見せる、ホニトン）
⑦ カラー（ホニトン）

亡き人への想い
モーニングジュエリー

Sentiment to the loved one
―Mourning Jewellery―

　個人的な愛情や思い出を表現したセンチメンタルジュエリーのなかでも、人々が別れを惜しむジュエリーをモーニングジュエリーと呼び、とくに大切にされてきました。

　モーニングジュエリーは、喪に服する期間に故人を偲んで身につける装身具で、1649年、イギリスのピューリタン革命で処刑されたチャールズ1世の死を悼み、王党派の人々が「CR」（ラテン語でチャールズ王の意）の金文字で装飾された遺髪入りのリングやスライドを身につけたことから、その習慣は広まりました。とくに、髪は「神秘性」「永遠性」の象徴であるとともに、喪（うしな）った人との絆でもあることから、モーニングジュエリーのなかでも重要な役割を果たしています。

　髪は装身具の表面か裏面にそなえられた小さなロケットの中に納められ、故人だけでなく、家族や恋人と離ればなれになった時などにも、感傷的な愛情表現として用いられました。ヴィクトリア女王は1861年に最愛の夫アルバート公を亡くして以来、その遺髪を肌身離さず身につけ、また女王自身の髪の毛を子や孫、重臣たちにも与えていたといわれ、当時の流行に拍車をかけました。

　人類にとって最古の宝石であり、古代より魔除けとして身につけられてきたジェットも、1817年、ジョージ4世の愛娘シャーロット妃の葬儀以来、宮廷でも身につけられるようになり、19世紀を代表するモーニングジュエリーとなりました。

　ヴィクトリア女王がアルバート公を亡くし、長い喪に服した間にも、ジェットは黒いドレスとともにつねに身につけられ、「喪に服することがなにより美徳である」という時代背景のなか、宮廷や上流社会、さらには子供たちの嫁ぎ先となったヨーロッパ諸国にまで定着していきました。

Pl. 11
《喪に服すヴィクトリア女王》
1864年　ウィリアム・ホール・ジュニア
ナショナル・ポートレート・ギャラリー蔵

モーニングドレス&ケープ

MOURNING DRESS AND CAPE

242. モーニングドレス

Mourning Dress
1870年頃　イギリス

黒のシルクサテンに当時人気のあったシダ（花言葉は「誠実」）模様が全体に描かれたバッスルスタイル（ヒップや腰上部にバッスルを入れて膨らませ、腰の丸みを出してウエストを細く見せる）のツーピースドレス。首と袖口には黒のボビンレースが飾られ、フリルのついた襟と胸の飾りがアクセントになっている。また、防寒用に着用されたケープには、黒のチュールで作られたフリルと白のレースがあしらわれている。

243. モーニングケープ

Mourning Cape
1870年頃　イギリス

Pl. 12
《ヴィクトリア女王の四女ルイーズ》
1870年頃　W. & D. ダウニー撮影
ナショナル・ポートレート・ギャラリー蔵

ヘアージュエリー

HAIR JEWELLERY

　遺髪ははじめ、丸めただけのシンプルなものがロケットに納められましたが、流行とともにさまざまなデザインが登場するようになります。織物のように精緻に編まれたものや、細かく刻んだ髪をデザインして貼りつけ絵画的な表現をしたものなど、当時の職人によって芸術品へと仕上げられました。とくに柳やイチイなど「生命の樹」を表わした作品や、遺髪を立体的に編んだ装身具も作られました。

249. ヘアー&ゴールドブローチ

Hair and Gold Brooch
19世紀中期　イギリス

244. ヘアーミニアチュールリング
Hair Miniature Ring
1773年　イギリス

245. オニキス＆
ゴールドリング
Onyx and Gold Ring
1830年頃　イギリス

246. ハーフパール＆ゴールドリング
Half-Pearl and Gold Ring
1829年　イギリス

247. ヘアー&ゴールド
ブローチ

Hair and Gold
Brooch
19世紀中期　イギリス

248. ヘアー&ゴールド
ブローチ

Hair and Gold
Brooch
1858年　イギリス

250. ヘアー&ゴールドリボンブローチ
Hair and Gold Ribbon Brooch
19世紀中期　イギリス

251. 「アイ」ミニアチュールブローチ
《EYE》Miniature Brooch
1870年頃　イギリス

ジェット
JET

　ジェットは地中深くに堆積した流木が長い年月を経て化石化したもので、真珠と同様、人間によって発見された最初の宝石のひとつです。石炭によく似た漆黒の素材は、磨くことによって艶が出るため、石器時代より魔除けとして身につけられ、古代ローマ人にも「黒い琥珀」と呼ばれて珍重されました。シェイクスピアの物語の中にも、象牙の白さと対照させて「black as Jet（ジェットのように黒い）」という表現があります。

　その特質は柔らかく繊細な細工にも適していたことから、広く装身具に用いられ、19世紀にはモーニングジュエリーの主役となりましたが、世紀末には鉱山も閉鎖され、ジェットを使った装身具もしだいに姿を消していきました。

252. ジェットストーンの記念石
Jet Stone Commemorating
19世紀　イギリス

253. ジェットブローチ「ゼウス」　　**254.** ジェットネックレス

　　Jet Brooch《ZEUS》　　　　　　　Jet Necklace
　　1870年頃　イギリス　　　　　　　1870年頃　イギリス

255. ジェットブローチ
　　　「ベッラドンナ」

　Jet Brooch
　《BELLA DONNA》
　19世紀中期　イギリス

256. ジェットネックレス
「スズラン」

Jet Necklace
《A Lily of the Valley》
19世紀中期　イギリス

257. ジェットブレスレット
「蛇」

Jet Bracelet 〈Snake〉
19世紀中期　イギリス

260. シェルカメオ&ジェット
ブローチ
「シェイクスピア」

Shell Cameo and Jet Brooch
《SHAKESPEARE》
19世紀中期　イギリス

259. ジェットティアラ
　　　Jet Tiara
　　　19世紀中期　イギリス

258. ジェットリング
　　　「鳩」
　　　Jet Ring〈Dove〉
　　　19世紀中期　イギリス

Pl. 13
《ジェットを身につけたヴィクトリア女王と長女ヴィクトリア》
1888年　W. J. ビルン撮影
ナショナル・ポートレート・ギャラリー蔵

261. ボグオークブローチ
「キルケニー城」

Bog-Oak Brooch
《Kilkenny Castle》
1860年頃　アイルランド

262. グラスカメオ＆
フレンチジェット
ブローチ

Glass Cameo and
French Jet Brooch
1880年頃
イギリスまたはフランス

III

優雅なひととき
アフタヌーンティー

A Gracious Moment: Afternoon Tea

テーブルセッティング
TABLE SETTING

　クロスがかけられたテーブルの上に、アフタヌーンティーの主役シルバーティーセット（トレー、ティーポット、コーヒーポット、クリーマー、シュガーポット）とシルバーケトル（アルコールランプ付）を置きます。ティーカップにティースプーンを添え、ナイフとフォークはティーナプキンと一緒に並べます。手でつまみやすい大きさの焼き菓子やビスケット、サンドウィッチ、そしてクロテッドクリームを添えたスコーンを菓子皿にたっぷりと盛りつけます。花は香りの強くない季節感のあるものを食器に合わせて用意します。

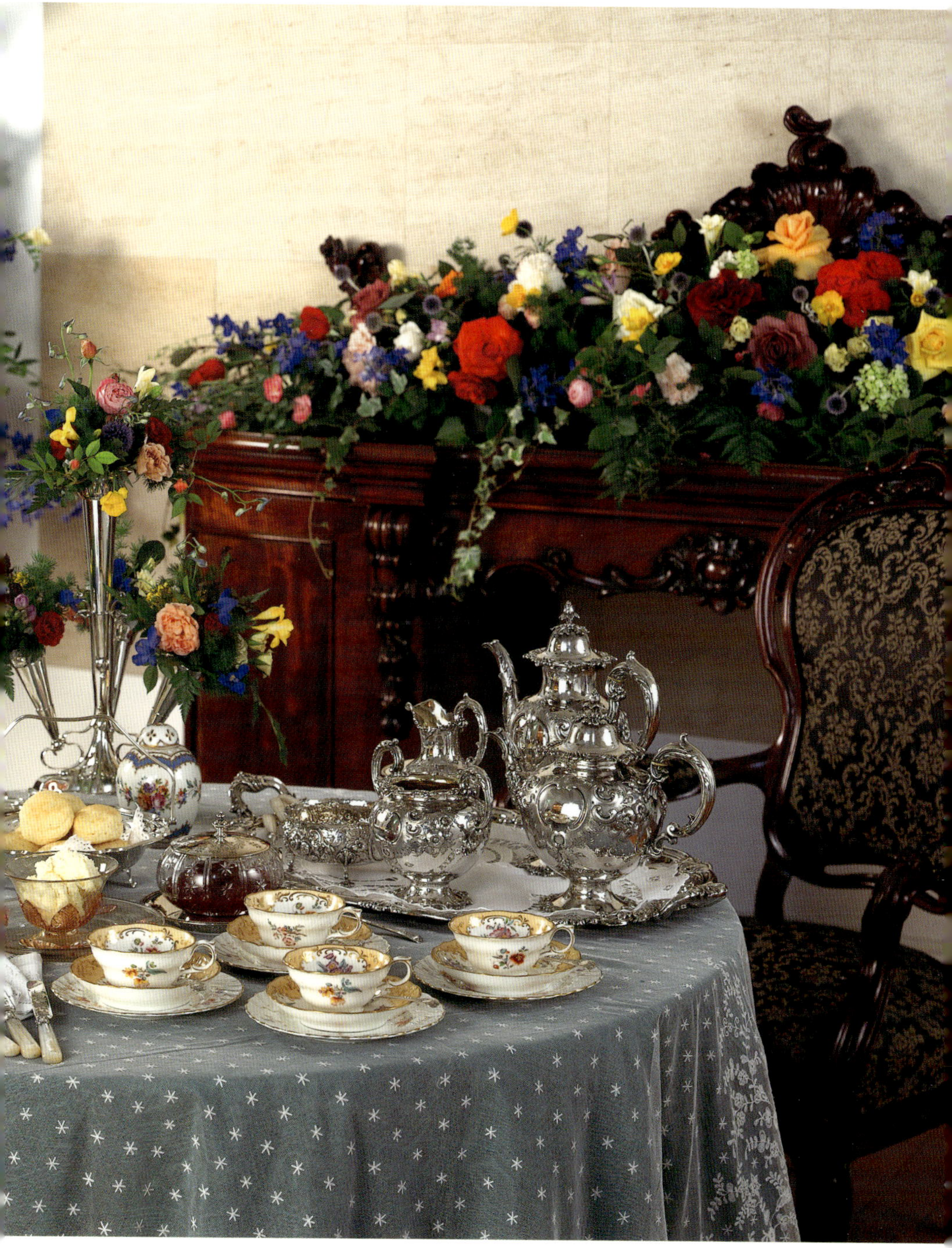

優雅なひととき
アフタヌーンティー

A Gracious Moment
—Afternoon Tea—

　1662年、イギリス国王チャールズ2世に嫁いだ、ポルトガルの皇女キャサリンによって宮廷に広められた喫茶の習慣は、アン女王の時代に「銀の茶道具一式を所有し、茶を楽しむ」というライフスタイルとなって、イギリスの貴族・上流階級層のステータスシンボルとなりました。同時に「茶を客の目の前で淹れること」がエチケットとされるようになり、「茶を中心として客人と談話する」という社交の習慣ができあがりました。ヴィクトリア時代には、紅茶文化がさらなる発展を遂げ完成されます。女王はインド植民地での紅茶栽培を提案したり、夕食時に紅茶を飲むことを奨励し、紅茶の普及に努めました。

　アフタヌーンティーは19世紀半ば、当時昼食と夕食の間が非常に長く、夕食までの空腹に耐えかねた7代目ベッドフォード公爵夫人アンナ・マリアが、午後5時頃に紅茶を飲み軽食をとったのがはじまりといわれています。最初は自室で一人で楽しんでいたのが、邸を訪れる婦人たちをドローイング・ルームと呼ばれる応接室でもてなしたところ、評判となり、アフタヌーンティーは次第に社交的な意味あいをもつようになりました。アンナ・マリアはヴィクトリア女王の女官として仕え、女王もベッドフォード邸を訪れ茶会を堪能しました。そして1850年頃には、絵画や調度品が飾られた居心地の良い室内にイギリス製の茶道具一式で構成された優雅なテーブルセッティングをし、多種類のティーフーズを用意して、インドやセイロン産の紅茶をミルクティーで飲むことが、ヴィクトリア時代の紅茶文化の形式となり、お茶を中心とした社交の習慣は、ヴィクトリアンティーといわれる公式な茶会へと発展していきました。

　一般的にいわれるアフタヌーンティーの習慣は、20世紀初めまでにイギリス人のライフスタイルに定着し、多少簡素化されたとはいえ、今日まで続いています。

267. ティーキャディー
Tea Caddy
19世紀後期　イギリス

263. ティーセット（トレー、ティーポット、コーヒーポット、クリーマー、シュガーポット）
Silver Tea Set (Tray, Tea Pot, Coffee Pot, Creamer, Sugar Pot)
1860〜61年　ロンドン

トレー（表面）

264. ケトル

Silver Kettle
1869年 バーミンガム

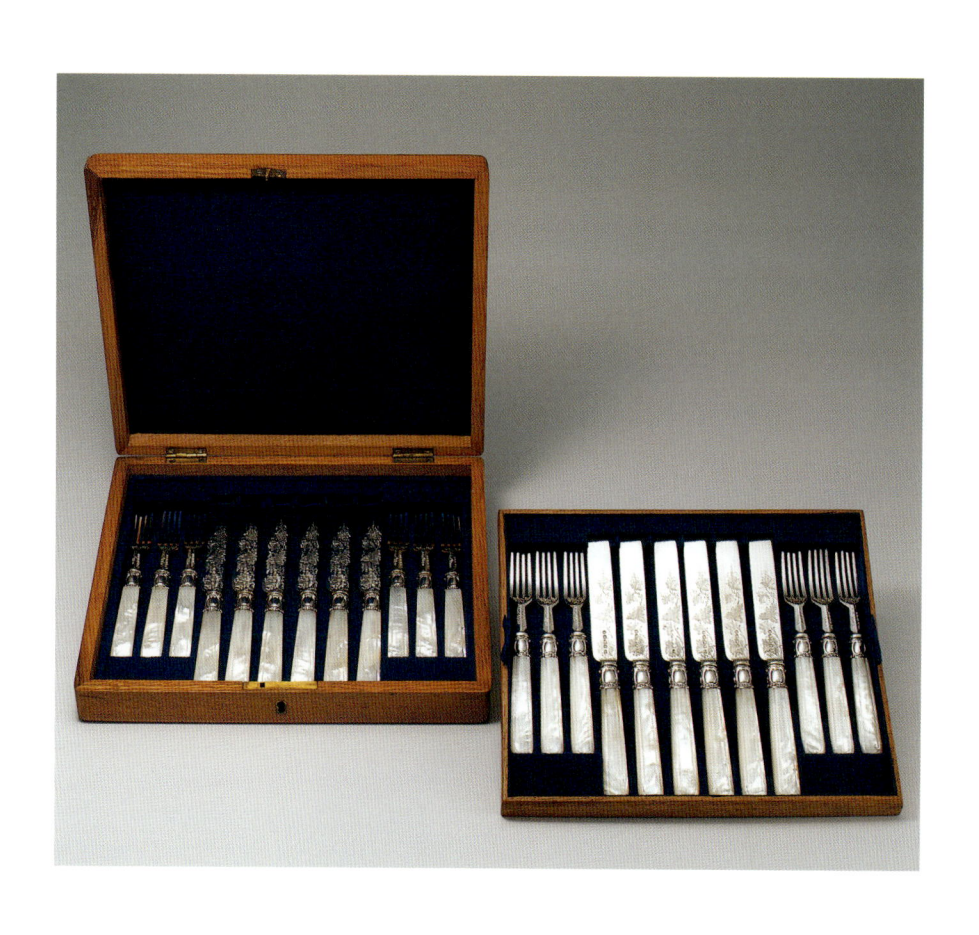

265. デザートセット（ナイフ、フォーク）
Silver Dessert Set(Knife, Fork)
1877年　バーミンガム

268. ケーキバスケット

Cake Basket
19世紀中期　イギリス

266. ティースプーン

Silver Tea Spoons
1880年　バーミンガム

269. イパン（花器）

Epergne
19世紀後期　イギリス

(脚部拡大)

270. 脚付トレー

Salver
19世紀後期　イギリス

271. ポージーホルダー
　　　Posy Holder
　　　19世紀中期　イギリス

274. ティーナプキン
　　　Tea Napkin
　　　19世紀後期　イギリス

272. サーヴィングセット
(カップ&ソーサー、
デザート皿、ビスケットトレー)

Serving Set
(Cup and Saucer,
Dessert Plate, Biscuit Tray)
19世紀中期　イギリス

コーヒー用
カップ&ソーサー

273. サーヴィングセット（カップ＆ソーサー）
Serving Set (Cup and Saucer)
19世紀中期　イギリス

シルバーウェア
Silver Wear

　シルバーウェアといわれる銀器は、貴族階級のステータス・シンボルであり、同時に財産価値のある貨幣と同様に位置づけられてきました。とくにイギリスでは、スターリングシルバーといわれる高品質のものが用いられており、品質の保証とともに生産地や制作年代を認定したホールマークが刻印されています。代々受け継がれてきた銀器で客をもてなすことは、その家の誇りとなり、銀器は家系をあらわす重要な役割を担ってきたのです。

277. ローズボウル

Silver Rose Bowl
1873年　ロンドン

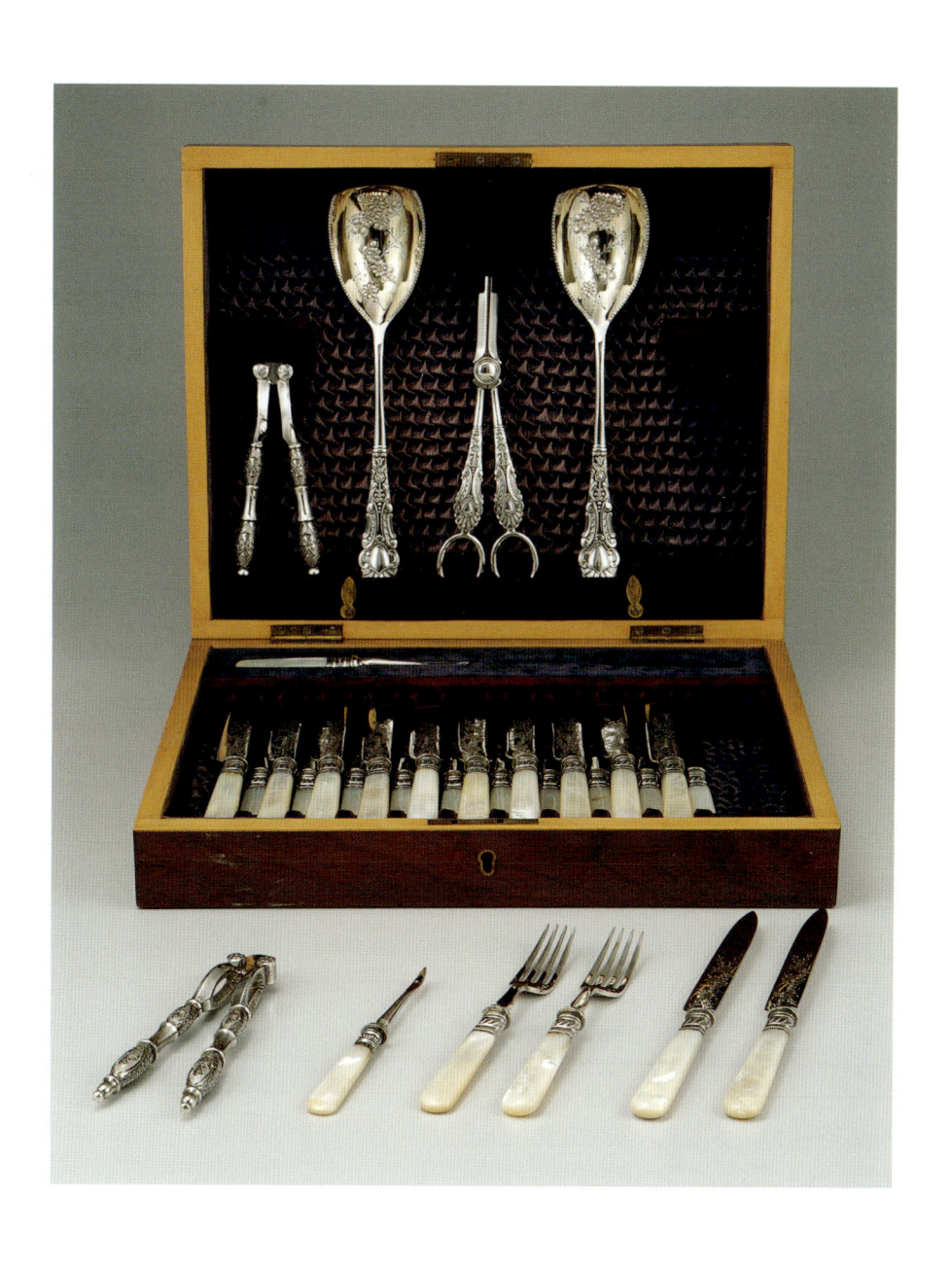

275. デザートセット
（クルミ割り、ピック、フォーク、ナイフ）

Dessert Set
(Nutcracker, Pick, Fork, Knife)
19世紀後期　イギリス

276. シュガーバスケット＆
スプーン

Silver Sugar Basket and Spoon
1864年　シェフィールド

278. デザートサーバー

Silver Dessert Servers
1896年　シェフィールド

282. サンドイッチ
 サーバー

  Sandwich Servers
  19世紀後期　イギリス

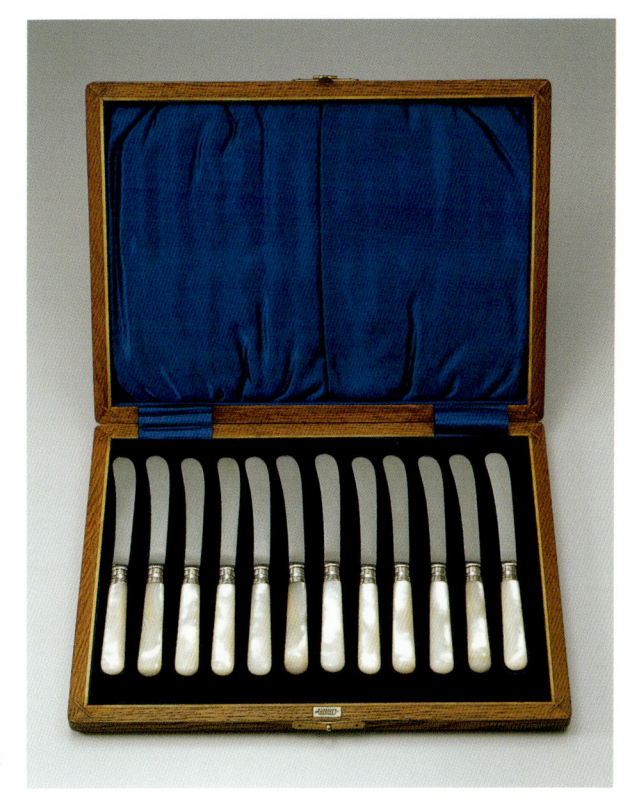

283. ティーナイフセット

  Silver Tea Knife Set
  1915年　シェフィールド

281. アイスクリーム
スプーンセット

Gold-Gilt Silver
Ice Cream Spoon Set
1874年　ロンドン

280. アイスクリーム
サーバー

Ice Cream Servers
19世紀後期　イギリス

279. フルーツ皿&スプーン

Fruit Dish and Spoon
19世紀後期　イギリス

284. ケーキスタンド
　　Cake Stands
　　19世紀後期　イギリス

COLUMN

ヴィクトリアン・アフタヌーンティー

ハロルド・ブラウン
ロイヤル・ヴィクトリア勲章王室執事

ヴィクトリア時代に完成したアフタヌーンティーの習慣は、マナーにしたがって行なわれるひとつのセレモニーといえるでしょう。

17世紀初頭、イギリスに紅茶が持ちこまれると、それを嗜む人々はまたたく間にひろがり、紅茶をいただく行為そのものが、特別な作法としきたりを生みだすようになりました。いつしか紅茶は、イギリス人の生活に欠かせないものとなり、ヴィクトリア女王が即位する頃には、ひとつのマナーができあがります。

それは「アフタヌーンティー」と呼ばれる上流階級の社交でした。主催する主人がそれぞれ決まった日に客人を家に招き入れ、紅茶でもてなすというもので、その日一日を「アットホーム」と呼び、招待を受けた人々は午後3時から5時までの間に、紅茶を飲みに立ち寄ることができました。

まず客人たちは応接室へ通されます。そこにはクロスの掛かったテーブルとソファや椅子の隣に、小さなティーテーブルが置かれています。女主人はみずからそのティーテーブルで紅茶をいれて客人にふるまい、紳士たちが参加することもありましたが、たいていはご婦人たちのイベントとして親しまれてきました。そこに供される食事は、紅茶（インド産あるいは中国産）、サンドウィッチとケーキなどでした。

またときには、「ハイティー」と呼ばれる時間帯を遅らせた茶会をひらくこともあり、その場合は事前に招待状が出され、食事の種類も格段に異なるものになりました。いっぽう、田舎で休暇を過ごすご婦人たちが、宿泊中の客人たちをもてなす際のアフタヌーンティーとなるとカジュアルなもので、男性客も多く大人数になることから、たいてい、テーブルクロスで覆ったトランプ遊び用のテーブルをくっつけて、アップライト（直立）型の椅子を準備してそこに着席させました。

アフタヌーンティーのときのテーブルクロスは、ダイニングでのように真っ白なものという限定はなく、何色でもよく、なかでも淡い色が好まれました。クロスの隅にはモノグラムやその家の紋章が刺繍され、一揃いのナプキンも用意されました。

アフタヌーンティーもハイティーも、紅茶を

いれるのはテーブルの端に座る女主人の役目です。10人以上の大きなパーティーになると、テーブルの反対側の端に同じ紅茶のセットがもう一組用意され、ほかの誰かが女主人と一緒に紅茶をいれることもありました。その役割は、家族である娘、姉妹、伯母などが果たしますが、王族や貴族の家では女官が担当しました。

　ご婦人方の前に並べられているのは、金属製の盆にのせられたスピリット・ケトル、ティーポットが二つ、スプーン付のティーキャディー（茶葉を保存する小箱）が二箱に、レモンスライスをのせた皿、スプーン付のカップとソーサーとボウル付の茶こし器が二つ……すべての席には、たたまれたナプキン、ナイフ、そしてフォークをのせたティープレートがありました。

　テーブルにはサンドウィッチ、フルーツケーキ、そしてヴィクトリアンスポンジケーキが並べられます。狩りから戻った後のお茶会には、ポッテッド・シュリンプ（海老とバターの壺詰）とトーストが追加されることもありましたし、客人たちに子どもを紹介するようなときには、ジャム・ペニーも用意されました。

　さて、ここでアフタヌーンティーの食卓に供される軽食の一例を挙げてみましょう。

キュウリのサンドウィッチ：
ホワイトブレッドに薄く切ったキュウリをはさみ、少量の塩をふりかけたサンドウィッチ。

ハムのサンドウィッチ：
少量のマスタードを塗ったブラウンブレッドまたはホワイトブレッドに、薄く切ったハムをはさんだサンドウィッチ。

ケーキ：
たくさん種類があるケーキのなかでも、もっとも人気のあった二種類は、フルーツケーキとヴィクトリアンスポンジケーキです。ヴィクトリアンスポンジケーキとは、ストロベリージャムとクリームをはさんだスポンジに、粉砂糖と卵白で練ったアイシングシュガーをふりかけたもの。

ジャム・ペニー：
ジャムをはさんだホワイトブレッドを、古いペニー硬貨の大きさに丸く切り抜いたもの。子ども同様、大人にも人気がありました。

＊

　当時からテーブルの準備全般は執事に頼っていたものの、紅茶をいれるのは女主人の重要な役目であり責任ですから、執事の大切な役割といえば、女主人が客を連れて応接室へ入ってきたときに、スピリット・ケトルのお湯が沸いているかどうかを確認することでした。ヴィクトリア時代にお湯を沸かす唯一の方法は、スピリット（アルコール）バーナーの上にケトルを置く方法しかなく、紅茶をいれるためには欠かせ

ないアイテムでした。主人をはじめ、客人たちが紅茶を飲んでいる間の執事の仕事は、呼び鈴で呼ばれる以外にはありませんでした。

想像してみてください……。狩りに出かけ、一日中原野を走り回っていたご婦人方や紳士たちが家へ戻ってきて、アフタヌーンティーのために衣装をラウンジスーツに着替え、応接室に入ってくるときの情景。テーブルには食欲をそそる食べ物が並び、ケトルの蒸気の音に出迎えられることを。

女主人は自分の位置につき、紅茶の準備をはじめます。まずはティーポットに少量のお湯を入れて温め、そのお湯をボウルに空けてから紅茶の茶葉を入れ、ケトルの右側に中国茶(たいていはラプサンスーチョン)、左側にインド茶(たいていはダージリン)を用意します。彼女は客にインド茶がいいか、それとも中国茶がいいかと尋ね、リクエストされた紅茶がカップに注がれると、客から客へとカップがまわされました。客人たちはおのおのの好みに合わせてミルクや砂糖を入れ、ときにはレモンを添え、サンドウィッチやケーキも自分たちでまわしながら、親密な会話を楽しみました。それは、パートナーや執事、召使いとしか話せない夜の食卓とはちがい、じつに楽しい和気あいあいとした社交の時間であり、日常会話がかわされる場となったのでした。

スピリット・ケトルの管理で、唯一気をつけなくてはならなかったことは、スピリット(アルコール)がテーブルに溢れでる危険性があったことです。客が到着するまではかならず、執事もしくは召使いがケトルを監視することになっていました。火が点いたままスピリットがテーブルに溢れでては危険ですが、スピリットだけが燃えている分にはナプキンで素早く消すこともできました。そのため女主人はお湯を注ぐときに気を配り、さらにお湯が必要でなくなったとき、炎を吹き消すことに注意を払いました。これにはトランペットのような漏斗を利用するのですが、あるとき、お年を召したメアリー王妃が王家の親族を招いたアフタヌーンティーで、彼女が女主人としてスピリットの芯の火を吹き消そうとしましたところ、その漏斗をくわえた彼女の姿に、子どもたちが笑いをこらえきれず、吹き出してしまったのです。これには女主人もお怒りになり、育ちの良い王家の子どもらしからぬ行為だと、あわてて子ども部屋へと連れて行かれてしまいました。

夏には、応接室でひらかれるアフタヌーンティーと同じものが屋外にも用意されます。そんなときは、外気でスピリット・ケトルの炎が消えないよう、三つ折りのシルバースクリーンがケトルを囲むように置かれました。

翻訳:和仁りか

235

ジュエリーデザイン画

JEWELLERY DESIGN

134.〜143.
ジュエリーデザイン画
Jewellery Design
19世紀後期　フランス
レオン・ルヴナ

~~~~~

レオン・ルヴナ
Léon Rouvenat（1809〜74年）

　フランスの宝石細工職人。精巧なデッサンときわだって入念な仕上げ、変化に富んだ作品づくりで知られる。当時流行する芸術潮流に想を得て、ルヴナは1849年のフランス生産・産業博での展示以来、55年、62年、67年の万博で数々の賞を受賞した。ダイヤモンドで作るガーランド（花綱）装飾のジュエリーや花束のデザインは、自然主義を表現する格好の作品となり、なかでも67年のパリ万博で発表したライラックのスプレーブローチは傑作で、ナポレオン3世妃・フランス皇后ウジェニーに25,000フランで買上げられた。このブローチには、野バラの花のティアラとさまざまな装飾（羽や翼をひろげたトンボや蝶、クジャク、ハチドリ）からなる髪飾りも付属していた。

　ダイヤモンドをはじめ、あらゆる宝石と金・銀の細工、エナメル装飾やカメオ彫刻まで、宝飾工芸のすべてを包括し、ひとつの工房で仕上げるルヴナの昔ながらの仕事ぶりは高く評価され、その依頼人には、ナポレオン3世やプロイセン国王、エジプト太守といったセレブリティが名を連ねていた。

135. ジュエリーデザイン画

136. ジュエリーデザイン画

137. ジュエリーデザイン画

138. ジュエリーデザイン画

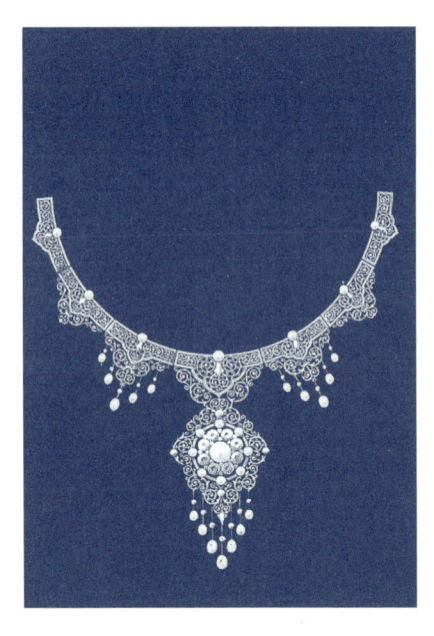

139. ジュエリーデザイン画

140. ジュエリーデザイン画

141. ジュエリーデザイン画

142. ジュエリーデザイン画

143. ジュエリーデザイン画

TECHNIQUE AND GLOSSARY
技法／用語解説

アーツ＆クラフツ運動
Arts and Crafts Movement
1880年代の機械化する社会への反発から、イギリスに生まれた芸術運動。デザインから制作までを一人の職人が行なう伝統的手法の復活をめざし、自然界からモチーフを得た表現を奨励した。のちにアール・ヌーヴォー運動に組みこまれてゆく。

アカンサス模様
Acanthus Ornaments
アカンサスは、地中海沿岸に繁殖する鋸状の葉をもつ2年草。再生の象徴として紀元前400年頃よりギリシア美術の装飾として、とくにコリント様式の支柱の頭部に用いられた。19世紀のロマン主義においても再び脚光を浴びる。

ガーターベルト
Garter Belt
英国の最高勲章とされるガーター勲章のモチーフのひとつで、男性は左脚大腿部、女性は左腕につける。

カボションカット
Cabochon Cut
半球状の石の平らな面を裏面として、表面を丸く磨いたもの。

カメオ・アビエ
Cameo-Habillé
アビエとは着飾るの意味で、肖像のあるカメオに宝石でできたネックレスやイヤリングを着飾らせる方法。ヴィクトリア時代に流行した。

カラーゴールド
Coloured-Gold
金は純粋な状態で加工するのが難しく、より丈夫な状態にするため、いくつかの金属と合金される。赤みには銅を、青みには銀など、異なる色を生み出すためにほかの金属と混合させ、純金に色のヴァリエーションをあたえた。

カンティーユ（線条）細工
Cannetille
フィリグリー（縒り線細工）が発展した技法で、細い金線を用いて作る方法。金糸刺繍のような効果が得られる。

ギヨシェエナメル
Guilloché Enamel
金属の土台に網目や幾何学模様を浅く彫り、陰影をつけて、透明のエナメル（通常1色）を焼きつける。彫りの深さにより色の濃淡が生まれシルク・モアレのような効果を生みだす。

グラニュレーション（粒金細工）
Granulation
紀元前3000年頃エジプトで生まれたもっとも古い技法のひとつで、エトルリア人によってより洗練された。微細な金の粒を薄い金板の上にロウ付けし装飾する。その後、気の遠くなるような工程のために途絶えたが、19世紀カステラーニらによって再現された。

グリザイユ
Grisaille
黒や褐色といった単色の調子で、浮き彫りのような立体感を見せる画法。中世のステンドグラスや七宝絵のなかにも用いられた。

クロワゾネエナメル（セルエナメル）
Cloisonné Enamel (Cell Enamel)
金属板の上に、薄く高さのある金線をハンダで取りつけ、エナメルガラスを流しこみ、セル（小室）を作ってモチーフを描く。焼きつけたのち冷却してから表面を磨き上げると、金属線がきわだち、エナメルとのコントラストが生まれて装飾効果が高い。七宝焼きと同じ原理。

自然主義
Naturalism
19世紀後半から古典主義の理想化やロマン主義の誇張を捨てて、ありのままの素朴な自然を描こうと、農村や自然の風景に題材をとった。

シャンルヴェエナメル（ピットエナメル）
Champlevé Enamel (Pit Enamel)
金属の土台にモチーフとなる穴（ピット）あるいは溝を彫り、溶けたエナメルガラスを流して冷却したのち、表面を平らに磨き仕上げる。大きな面に使用でき、さまざまな色彩と陰影を醸し出すことができる。

ジランドール様式
Girandole Style
蝶結びのリボンや大きな石の下に3つのペアシェイプ（洋梨型）の宝石（ダイヤモンド、パール、ペーストなど）を垂らしたデザインで、古代ローマ時代のイヤリングが起源となっている。

新古典主義
Neo-Classicism
18世紀末〜19世紀初頭まで、古代ギリシア・ローマを模範とする格調高い、均整のとれた様式として各国の王室宮廷に流行した。

スライド
Slide
通常、四角または楕円の形状で、裏側に1つか2つの輪環がつけられた装身具。リボンを通して、首や手首につけたが、18世紀にかけてペアのブレスレットスライドが流行した。

ダッチローズカット（ローズカット）
Dutch-Rose Cut (Rose Cut)
ローズカット（平らな裏面をもち、表面は6個の三角形の面が山型に構成される）を基本とし、2段に分けられた表面の上部に山型三角形が6個、下部に18個の三角形の面が取りつけられる。

フィブラ
Fibula
古代の巻き衣装の肩留に用いたピンブローチ。紀元前7〜5世紀のエトルリアで作られた青銅製が一般的だが、鉄、銀、金をはじめ、骨や象牙で作られたものも発見されている。

フィリグリー（縒り線細工）
Filigree
金や銀を糸のように細くし、コイル状に巻きあげたり編み込んで模様をつくり、それらを溶接して作る細工のこと。

ブラジリアンチェーン
Brazilian Chain
ヴィクトリア時代以降られる太いチェーン。見た目がヘビに似ていることからスネークチェーンとも呼ばれる。

マルティーズクロス
Maltese-Cross
マルタ十字は、キリスト教の騎士修道会・聖ヨハネ騎士団（マルタ騎士団）の象徴であり、彼らの上着の記章（白いクロス）にちなむ。4方向に広がるV形が底部で結合し、突き出た8つの角をもつ十字は、19世紀中期のイギリスで好まれ、デザインモチーフとして多用された。

リガード装飾
Regard Decoration
19世紀初期の感傷主義（センチメンタリズム）に呼応する装飾方法。宝石を並べてその頭文字で単語を作り、意味をもたせて贈り物とする。Ruby、Emerald、Garnet、Amethyst、Ruby、Diamondの順番で、REGARD（敬愛）をあらわし、それらを一列に並べたり、花形にあしらったりした。

レポゼ（打ち出し）細工
Repoussé
1840年代に考案された金の装飾技法。薄い金板を型抜きし、裏から打ち出すことで意匠に盛り上がりをもたせ、さらに彫りを施すことで、ふくよかな渦巻模様や紐模様、貝殻、花、葉の模様を作った。

ロマン主義
Romanticism
18世紀末からさかんになった傾向で、古典主義に対抗して中世をたたえ、個性や感情の優位を主張した。情熱的、幻想的な題材を用いる。

イギリス史年表

A Chronological Table of English History

英国の統治	時代区分	英国・西洋	日本
1558　エリザベス１世	テューダー朝	1558　エリザベス１世はイギリス国教会を確立し、新大陸への毛織物輸出を奨励、商業資本を保護してイギリス絶対王政の極盛期を現出した 1588　スペイン無敵艦隊を破る 1600　東インド会社設立。喜望峰からマゼラン海峡にいたる全域の貿易独占権をもった	
1603　ジェームズ１世即位	スチュアート朝	1607　アメリカ大陸に最初の植民地、ヴァージニアを創設 1623　アンボイナ事件（オランダとの植民地抗争）を境に、イギリス東インド会社が香料諸島から転じてインドへ進出（３大拠点マドラス、ボンベイ、カルカッタ）	↑1603 江戸幕府開府
1625　チャールズ１世即位		1639　絶対王政を強行するチャールズ１世がイギリス国教会を強制したため、スコットランドで反乱。王党派と議会派(産業資本家層が中心)の対立が深まる 1649　ピューリタン（清教徒）革命でチャールズ１世が処刑され、クロムウェルが共和政という名の軍事独裁を強行した（～60） 1652　英蘭戦争（～74）に勝利。クロムウェルによる航海条例発布を直因に、オランダと海上権をめぐって植民地を争い、北米大陸オランダ領をイギリスのものとする	1639 鎖国令 江戸時代
1660　チャールズ２世即位		1660　王政復古 1661　ニュートン、「万有引力の法則」を発見 1675　チャールズ２世、航海術の研究にグリニッジ天文台を施設	
1685　ジェームズ２世即位		1685　仏、ルイ14世がナントの勅令を廃止し、ユグノー教徒が国外逃避 1688　名誉革命	
1689　ウィリアム３世即位 　　　メアリ２世即位		1689　権利の章典（王権に対する議会の優位）を承認、オレンジ公夫妻の共同統治となる	

1702 アン女王即位 	スチュアート朝	1702 アン女王戦争（〜13）に勝利。北米のスペイン領、フランス領植民地を獲得 1707 イングランドとスコットランドが合併し、両国はグレートブリテン王国となる		
1714 ジョージ1世即位	↑	「王は君臨すれども統治せず」（イギリス議会政治における王の地位の象徴語）	1720 洋書解禁	
1727 ジョージ2世即位	ジョージアン前期	1753 大英博物館が創立される 1757 プラッシーの戦い（フランスとの植民地戦争）に勝利し、インドにおけるイギリス東インド会社の支配を決定的にした。以来、周辺の古代文明の考古学的調査が進む		
1760 ジョージ3世即位		1764 ハーグリーヴズ、ジェニー紡績機を発明（産業革命の起因となる） 1765 ワット、蒸気機関を改良 1770 クック、オーストラリア探検 1775 アメリカ独立戦争。83年のパリ条約でアメリカの完全独立を承認 1776 アダム・スミス著『国富論』 1789 仏、フランス革命（〜99） 1798 仏、ナポレオンによるエジプト遠征で、エジプトの遺跡発掘が行なわれる 1799 仏、ロゼッタ石の発掘、解読により考古学への熱狂がヨーロッパ中に拡がった 1800 マルタ島占領 1801 グレートブリテンとアイルランドが連合王国となる 1804 仏、ナポレオン皇帝即位	1774 杉田玄白訳著『解体新書』	江戸時代
	ハノーヴァー朝			
1820 ジョージ4世即位	ジョージアン後期	1814 スティーヴンスン、蒸気機関車を発明 金細工師カステラーニがロンドンで創業 1822 ジョージ4世のスコットランド行幸 1825 ストックトン〜ダーリントン間を結ぶ商用鉄道が開通 経済恐慌おこる	1817 イギリス船が浦賀に来航	
1830 ウィリアム4世即位 	↓	1830 マンチェスター〜リヴァプール間の鉄道開通 1833 インド統治法により、東インド会社の領土は国王に委譲された		

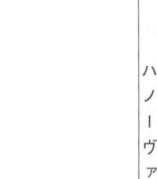

Ref.6　テムズ川の情景　The Thames　19世紀初期　イギリス

年	出来事		時代
1837	ヴィクトリア女王即位		
	1837 ティファニー社がニューヨークで創業		
	1838 ダゲール、写真機完成		
	1840 ヴィクトリア女王、アルバート王子と結婚		
	1842 アヘン戦争（40〜）後の南京条約で中国香港島を獲得		
	1843 宝石商ガラード、英国クラウン・ジュエラーの称号を得る		
	1847 カルティエ商会、パリで創業。1904年にイギリス王室御用達となる		
	1848 カリフォルニアで砂金発見。「ゴールドラッシュ」で49年に北米大陸へ渡る人口が急増 ラファエル前派兄弟団が結成される（ロセッティ、ハント、ミレイら）	ヴィクトリアン初期	江戸時代
	1849 レイヤード、ニネヴェ図書館を発掘し、古代メソポタミアの研究が進む		
	1851 第1回ロンドン万国博覧会 「世界の工場」と呼ばれたイギリスの繁栄を誇示するものだった オーストラリアに金鉱が発見され、イギリスからの移民が流入		
	1852 仏、ナポレオン3世による第二帝政 ヴィクトリア＆アルバートミュージアム創立	ハノーヴァー朝	
	1854 ピュアゴールドと呼ばれる24金にくらべ、純度が劣る9金、12金、15金がイギリスで法定品位となる		1853 ペリー浦賀に来航
	1855 ファーナー商会、フォルツハイムにて創業		
	1858 東インド会社の傭兵によるセポイの反乱はイギリス軍によって鎮圧され、インドがイギリス政府の直接統治となる		
	1859 アメリカ、ネバダ州で銀鉱脈発見		
	1861 アルバート公逝去（享年42） モリス、マーシャル・フォークナー商会設立		1862 日本の遣欧使節団万博視察
	1862 第2回ロンドン万国博覧会		
	1863 ロンドン地下鉄の運用開始		
	1867 仏、第2回パリ万国博覧会 カナダ連邦がイギリス初の自治領となる	ヴィクトリアン中期	1867 パリ万博に徳川幕府、薩摩藩、鍋島藩から出展
	「世界の工場」から「世界の銀行」となり海外投資を増大化		
	1870 南アフリカ、オレンジ自由国に世界屈指のダイヤモンド鉱山発見され、イギリスの企業家セシル・ローズが侵略した		1868 明治維新 明治時代

年	イギリス王室・出来事	時代区分	年	出来事	様式	日本	年	日本の出来事

		ヴィクトリアン中期	1872	オーストラリア、ニュー・サウス・ウェールズなどでダイヤモンド鉱脈発見			1873	ウィーン万博に「日本館」を出展
			1874	金細工師カルロ・ジュリアーノがロンドンに出店				
			1875	スエズ運河株を買収し、エジプト全域を支配				
				日本や東洋の美術品を扱うリバティー商会がロンドンで創業				
			1876	米、ベルが電話機を発明		明治時代	1876	大学、美術学校設立
			1877	ヴィクトリア女王がインド帝国の皇帝となる				
	ハノーヴァー朝		1887	ヴィクトリア女王、即位50周年記念式典	アーツ&クラフツ運動			
				仏、政府が王室所有の宝石を競売にかける				
		ヴィクトリアン後期	1888	アシュビー、手工芸ギルドをロンドンで結成				
				デビアス鉱山とキンバリー鉱山の権利を握り、セシル・ローズらがデビアス社を創業。90年にはセシル・ローズが南アフリカ・ケープ植民地首相となる			1889	大日本帝国憲法発布
			1897	テート・ギャラリー開館			1894	日清戦争
			1899	南ア戦争（～02）に勝利し、ダイヤモンドと金の鉱脈を独占。エジプトからケープタウンを結ぶアフリカ縦断政策を実現				
			1900	仏、第5回パリ万国博覧会（パリの地下鉄メトロが開通）				
1901	エドワード7世即位		1901	オーストラリア連邦成立	アール・ヌーヴォー			
		エドワーディアン	1907	ニュージーランド連邦成立			1902	日英同盟
							1904	日露戦争
1910	ジョージ5世即位		1910	南アフリカ連邦成立				
			1912	スコット、南極到達				
			1914	第一次世界大戦				
			1917	王室名をウィンザーと改名		大正時代	1914	第一次世界大戦
			1922	アイルランド自由国成立	アール・デコ			
	ウィンザー朝			ハワード・カーター、ツタンカーメン王墓を発見				
			1926	イギリス帝国議会において、本国と自治領の平等、王への共通の忠誠を誓う			1923	関東大震災
1936	ジョージ6世即位		1939	第二次世界大戦		昭和	1941	太平洋戦争

LIST OF WORKS
作品リスト／作品解説

凡例

- 展示作品のタイトル、欧文タイトル、素材、サイズ（タテ×ヨコcm）、製作年代、製作地／国（現在の呼称）、製作者（判明する限り）については、原則として所蔵者の用いる表記にしたがった。
- 各作品の所蔵先について、記載のない場合はすべて「穐葉アンティークジュウリー美術館」の所蔵である。
- なお、この作品リストには会場により展示されない作品も含まれる。
- 作品解説を付したものには、ジュエリーに関する専門的な用語を用いた箇所もある。 ＊印を付けた用語は、P.240〜241の「技法／用語解説」を参照できる。
- 宝飾史家ダイアナ・スカリスブリックによる作品解説には末尾に記載がある。
- 展示作品には通し番号のNo.を記し、参考展示作品にはRef.、挿図にはPl.と記した。

1
若き日のヴィクトリア女王
The Young Queen Victoria
油彩、カンヴァス
額：149.0×124.0
1842年頃　イギリス
F. X. ヴィンターハルター工房

2
ケンジントン宮殿の国王接見の間
The Meeting Room with the King, Kensington Palace
エッチング、アクアチント、紙
額：44.5×47.5
1816年2月1日　イギリス

3
ケント公妃メアリー・ルイーズ・ヴィクトリア
Victoria of Saxe-Coburg-Saalfeld, Duchess of Kent（Mary Louise Victoria）
メゾチント、紙
額：58.0×69.0
1841年　イギリス

4
ヴィクトリア女王
Queen Victoria
メゾチント、紙
額：58.0×69.0
1841年　イギリス

5
シトリン＆
カラーゴールドパリュール
Citrine and Coloured-Gold Parure
(Tiara, Brooch, Earrings, Pair Bracelets, Necklace)
ゴールド、シトリン
オリジナルケース：35.4×25.4×22.4
1830年頃　イギリス

6
エメラルド＆ダイヤモンド
ゴールドセット
Emerald and Diamond Gold Set
ゴールド、エメラルド、ダイヤモンド
ネックレス：2.1×40.0（ブローチ：4.4×4.4）／イヤリング：各4.2×1.8
1830年頃　イギリス
ネックレスの中央に下げられたペンダントは、ブローチにもなる。三連の繊細なチェーンと角形にカットしたエメラルドを、グラニュレーション＊をともなったカンティーユ細工＊で囲んだスタイルは、この時代の特徴である。

7
ピンクトパーズ＆
カラーゴールドスウィート
Pink Topaz and Coloured-Gold Suite
ゴールド、ピンクトパーズ
ブレスレット：5.8×19.0／ブローチ：3.8×7.0／イヤリング：各5.3×1.8／ローズィズ大：径3.6／ローズィズ小：径2.7／ネックレス：24.0×17.4
1830年頃　イギリス
稀少価値の高いピンクトパーズに華やかな金細工が施されたスウィートセット。カラーゴールド＊やアカンサス模様＊のレポゼ細工＊、グラニュレーション＊など、高度な技術を駆使して作られている。ネックレスから下がるペンダントはブローチの下につけることもでき、中央のローズィズ（バラ飾り）はスライド＊として、小さな2個のローズィズは洋服に縫いつけられた。

8
ゴールドネックレス＆
イヤリングセット
Gold Necklace and Earrings Set
ゴールド
ネックレス：11.0×18.8／イヤリング：各4.5×1.5
19世紀初期　フランス
繊細な金細工のメッシュが用いられたセットジュエリー。

9
パール＆ゴールドスウィート
Pearl and Gold Suite
(Necklace, Brooch, Earrings)
ゴールド、パール
19世紀中期　フランス
ネックレス：42.0／ブローチ：7.8×4.1／イヤリング：各5.0×2.0
ミキモト真珠島　真珠博物館蔵
福井、広島会場で展示
楯を思わせる楕円形のブローチとイヤリング、チェーンのセットジュエリー。ブローチはペンダントにもなる。色の異なるカラーゴールド＊を使って葡萄の葉を表現し、装飾にはハーフパールを用いている。

10
スリーカラーゴールドブローチ
Three-Coloured-Gold Brooch
ゴールド、シトリン、アクアマリン
5.2×4.4
1840年頃　イギリス
金を固くするため、合金することから生まれたカラーゴールド＊は、少量の

246

金を効果的に見せる方法として用いられた。アカンサス模様*のカラーゴールドとアクアマリン、シトリンの輝きとの調和がとれた美しいブローチ。

11
ピンクトパーズ＆
クリソライトブローチ
Pink Topaz and Chrysolite Brooch
ゴールド、ピンクトパーズ、クリソライト
7.6×6.8
19世紀初期　イギリス

12
ピンクトパーズ＆ゴールド
マルティーズクロスペンダント
Pink Topaz and Gold
Maltese-Cross Pendant
ゴールド、ピンクトパーズ、エメラルド、パール、遺髪
6.2×5.0
19世紀初期　イギリス
ペンダントはリバーシブルになっており、ピンクトパーズを配した面の裏側にはまったく同じ金細工にエメラルドが嵌め込まれている。

13
リガードパドロックペンダント
REGARD Padlock Pendant
ゴールド、ルビー、エメラルド、ガーネット、アメシスト、ダイヤモンド、パール、ターコイズ
4.4×2.8
1820〜30年頃　イギリス
19世紀初期のセンチメンタルジュエリーを代表する作品。パドロック(錠前)は「捕らえられた愛情」を意味し、表面には当時流行した宝石による文字遊びの「REGARD(敬意)」装飾*が施されている。また中央の真珠とターコイズで「忘れな草」を表わし、花言葉「私を忘れないで」という思いを託している。

14
リガード
マルティーズクロスペンダント
REGARD Maltese-Cross Pendant
ゴールド、ルビー、エメラルド、ガーネット、アメシスト、ダイヤモンド、ホワイトカルセドニー
7.3×5.5
1820〜30年頃　イギリス
十字架(クロス)は、19世紀のイギリスで人気のあったモチーフ。とくに先端が鋸の歯状になったマルティーズクロス*は、ホワイトカルセドニーのもつ半透明の質感と相まってより装飾的な作品になっている。中央にはカンテ

ィーユ細工*と宝石による文字遊びのリガード装飾*が施され、裏側には髪の毛を入れるためのロケットがついている。

15
ゴールドスプレーブローチ
Gold Spray Brooch
ゴールド、ルビー、エメラルド、ガーネット、ターコイズ
7.0×5.0
19世紀初期　イギリス

16
ターコイズ＆ゴールドブローチ
Turquoise and Gold Brooch
ゴールド、ターコイズ
4.2×4.9
1830年頃　イギリス
自然主義*を代表する作品。鳩は昔から「聖霊」の象徴として用いられる。「忘れな草」をくわえる鳩には「私を忘れないで」というメッセージが込められている。

17
ブルーエナメル＆ゴールドセット
Blue Enamel and Gold Set
(Locket Pendant, Earrings)
ゴールド、パール、ブルーエナメル
ロケットペンダント：6.0×3.5／イヤリング：各2.3×3.5
1870年頃　イギリス

18
パール＆ゴールドブレスレット
Pearl and Gold Bracelet
ゴールド、エメラルド、ダイヤモンド、パール
2.7×17.5
1850年頃　イギリス
どんぐりの木は、イギリスにおいて豊饒(繁栄)のシンボルとして貴族に好まれ庭に植えられた。アルバート公が鹿狩りから持ち帰った雄鹿の歯を使ってどんぐりの形の装身具を作り、ヴィクトリア女王にプレゼントしたことから、代表的なモチーフとなった。真珠をどんぐりに見立て、かさの部分にはダイヤモンド、葉にはエメラルドを嵌め込んでいる。

19
ガーネット＆ゴールドブレスレット
Garnet and Gold Bracelet
ゴールド、ガーネット
ブレスレット：径16.0／ペンダント：2.5×1.8
1860年頃　イギリス
カボションカット*されたガーネット

は「熟れた果実」といわれ、ヴィクトリア時代に人気のあった宝石のひとつ。ペンダントを垂らしたデザインは、身につける人の手を小さく見せることから、女性らしさを強調する装身具として好まれた。

20
ポーセレン＆ゴールドブローチ
Porcelain and Gold Brooch
ゴールド、ポーセレン
4.9×6.5
1870年頃　イギリス
エナメル装飾が施された陶板画の装身具は、世界各地の工房で作られたが、イギリスでもウースターによりロマンティックな題材の作品が作られた。この作品はラファエッロの《サン・システトの聖母》に描かれた天使をモチーフにしている。

21
リバースインタリオクリスタル＆
ゴールドブローチ
Reverse Intaglio Crystal and
Gold Brooch
ゴールド、クリスタル
径4.5
1870年頃　イギリス
カボションカット*されたクリスタルの平らな裏面から沈み彫りを施し、彫りの部分に彩色したリバースインタリオによる作品で、彫りの深さによってモチーフが立体的に表現されている。土台には金が裏打ちされている。

22
ゴールドブローチ＆バングルセット
Gold Brooch and Bangle Set
ゴールド、パール、ラピスラズリ
ブローチ：2.4×6.0／バングル：6.5×7.0
19世紀中期　イギリス
カルロ・ジュリアーノ

23
パール＆ゴールドペンダント
Pearl and Gold Pendant
ゴールド、ダイヤモンド、パール
7.2×5.4
1870年頃　イタリア
ニコラ・マルシェシーニ

24
コイン＆ゴールドブローチ
Coin and Gold Brooch
ゴールド、コイン
径4.0
19世紀中期　イタリア
アレッサンドロ・カステラーニ

古代エトルリアの金細工技法を復元し、19世紀を代表する金細工師となったカステラーニによる作品で、コインの周りの金のフィリグリー*とグラニュレーション*が美しい。コインは紀元前5世紀のシチリア、シラクーサの銀貨で、表側はシラクーサの伝説に登場するニンフ、アレトゥサ（女神アルテミスにより泉に姿を変えられた森の精）、裏側にはローマ神話のヴィクトリア（勝利の女神）が描かれている。

25
コーネリアンカメオ＆
ゴールドペンダント
Cornelian Cameo and Gold Pendant
ゴールド、コーネリアンカメオ
4.3×2.8
19世紀中期　イギリス
ジョン・ブローデン
ゼウスをモチーフにしたカメオのフレームには繊細なグラニュレーション*とカンティーユ細工*が施されている。ペンダントヘッドの根元に結ばれたリボンのバランスが美しい。

26
ゴールドフィブラブローチ
Gold Fibula Brooch
ゴールド
3.0×5.5
1865年頃　イタリア
エルネスト・ピエレ
古代エトルリアの発掘品に影響を受けたフィブラといわれるブローチ。ピンの根元の部分がコイル状に作られ、バネの働きをする。先端のスフィンクスや天使は、それぞれエジプトやローマのモチーフを混合したもので、半円形部分のグラニュレーション*にピエレの巧みな技術が見られる。

27
コーネリアンカメオ＆
ゴールドブレスレット
Cornelian Cameo and Gold Bracelet
ゴールド、コーネリアンカメオ
1.7×16.8
1870年頃　イギリス
アレッサンドロ＆アウグスト・カステラーニ
古代様式の細工師のなかでも、もっとも優れた技術をもつカステラーニによる作品。スカラベをセットする爪の三角形部分やブレスレットの留金に、古代エトルリア様式のグラニュレーション*やフィリグリー細工*を用いている。

28
ガーネット＆ゴールドブローチ
Garnet and Gold Brooch
ゴールド、ガーネット
8.2×7.0
1860〜70年頃　イギリス
北アフリカや中近東での考古学発掘から影響を受けた作品で、アルジェリア独特の飾り結びをモチーフにしている（1830年以降、フランスがアルジェリアを領土として以来、アルジェリアの美術工芸品に関心が高まり、イスラム風の結び紐をはじめ、リボンやフリンジ、タッセルなどが宝飾品のデザインにとりいれられた）。

29
エナメル＆ゴールドネックレス
Enamel and Gold Necklace
ゴールド、ダイヤモンド、パール、エナメル
ネックレス：40.0／トップ大：8.0×2.8／トップ小：6.0×1.9
1870年頃　イギリス
ふくらみのある土台に施されたターコイズブルーのエナメル、星型にセットされたパール、フレームの白いクロワゾネエナメル*のコントラストが鮮やかな作品。糸巻のデザインやフィリグリー*、グラニュレーション*といった古代エトルリア様式と、アルジェリアのフリンジを混合したデザイン。チェーンにはブラジリアンチェーン*が用いられ、ペンダントの裏側には髪の毛を入れるためのロケットがつく。

30
バロックパールペンダント
Baroque-Pearl Pendant
ゴールド、エメラルド、ルビー、サファイア、バロックパール
5.0×8.2
19世紀初期　イギリス

31
シードパールミニアチュールブローチ
Seed-Pearl Miniature Brooch
ゴールド、シードパール、ホワイト＆ブルーエナメル
4.2×2.4
1800年頃　イギリスまたはフランス
「芥子」と呼ばれる非常に小さな真珠（シードパール）を用いて、感傷的なモチーフである柳、籠の鳥と飛来する鳩をブルーグラスの上に描いた作品。フレームにはホワイトとブルーのエナメルが施されている。

32
モスアゲート＆ハーフパールブローチ
Moss-Agate and Half-Pearl Brooch
ゴールド、ハーフパール、モスアゲート
径3.6
19世紀初期　イギリス
1807年に発見されたモスアゲートは、メノウに含まれる鉱物の成長により生まれる樹枝状の性質が絵画的な表現をもつことから好まれた。フレームには不揃いな形状の真珠が二重にとりまき、味わいのある作品となっている。

33
シードパール＆ゴールドブローチ
Seed-Pearl and Gold Brooch
ゴールド、シードパール
9.3×6.5
1840〜50年頃　イギリス
色や形の異なる小粒の真珠を葡萄の房に見立てて作った自然主義*をモチーフにした作品。葡萄の葉には、カラーゴールド*が用いられ、レポゼ細工*が施されている。

34
シトリン＆ハーフパールブローチ
Citrine and Half-Pearl Brooch
ゴールド、エメラルド、ハーフパール、シトリン
3.4×4.0
19世紀中期　イギリス
シトリン（黄水晶）は「有史以前の凍った水」といわれ、豊かな想像力をかきたてる石として好まれた。シトリンの周りをハーフパールとエメラルドがとりまき、華やかさを演出している。

35
ハーフパール＆ゴールドブローチ
Half-Pearl and Gold Brooch
ゴールド、ハーフパール
2.0×4.6
1880年頃　イギリス
カルロ・ジュリアーノ
宝石細工師カルロ・ジュリアーノによるハーフパールだけを用いた作品。

36
シードパールティアラ
Seed-Pearl Tiara
ゴールド、白蝶貝、シードパール
8.2×18.0
19世紀初期　イギリス

37
シードパールティアラ
Seed-Pearl Tiara
ゴールド、白蝶貝、シードパール
4.5×16.0
1862年　イギリス
ロンドン＆ライダー
1862年の万国博覧会でゴールドメダルを受賞したロンドン＆ライダーが制作

した作品。丸いメダイヨンをティアラにアレンジしたもの。

38
シードパールパリュール
Seed-Pearl Parure
(Tiara, Earrings, Brooch, Necklace)
シードパール、白蝶貝
19世紀初期　イギリス
オリジナルケース：29.5×21.5
ミキモト真珠島　真珠博物館蔵
東京、山梨会場で展示
ティアラ、イヤリング、ブローチ、ネックレスからなるセットジュエリー。素材はシードパールと白蝶貝の貝殻で、小さな真珠にはすべて孔があけられ、貝殻から切り出された台座の上に細い糸で固定されている。

39
シードパールネックレス＆イヤリング
Seed-Pearl Necklace and Earrings
シードパール、白蝶貝
ネックレス：17.7×15.5／イヤリング：各5.0×2.3
19世紀初期　イギリス

40
ハーフパール＆
ダイヤモンドネックレス
Half-Pearl and Diamond Necklace
ゴールド、ダイヤモンド、ハーフパール
径38.5
19世紀中期　イギリス
ハーフパールとダイヤモンドを組み合わせた作品。繋がれたそれぞれのパーツがしなやかに動くようになっており、身につけた時に首に沿うように工夫されている。

41
ネックレス
Necklace
ゴールド、パール、白蝶貝、エナメル
径40.0
19世紀　フランス
ミキモト真珠島　真珠博物館蔵
東京、山梨会場で展示
5つの楕円形の白蝶貝によるプレートと台形の金の透かし板からなるネックレス。それぞれをつなぐ金具や、白蝶貝にエナメルで描かれたクピドのミニアチュールの周りにもシードパールの装飾がみられる。

42
ダイヤモンドネックレス
Diamond Necklace
ゴールド、シルバー、ダイヤモンド

22.4×11.3
18世紀初期　不詳
ボウノットに十字架（クロス）を下げたネックレスで、幅広のリボンを通して身につけられた。4つのループをもつ蝶結びのリボン（ボウノット）のモチーフは、17世紀中頃の「セヴィニエ」といわれる小さなダイヤモンドの上着飾りに由来する。

43
ダイヤモンド＆シルバーブローチ
Diamond and Silver Brooch
シルバー、ダイヤモンド
6.4×5.1
1750年頃　オランダまたはフランス
平らな裏面と半球状の表面をもち、バラの蕾が開いたようにみえるローズカット*のダイヤモンドを銀台にセットしたブローチ。3つのペンダントのそれぞれ中央には、ダッチローズカット*のダイヤモンドがあしらわれている。ダイヤモンドはフォイルバッキングという金属の薄板で裏打ちする手法がとられており、逆三角形に3つのペンダントをぶら下げたブローチは、ストマッカーと呼ばれる襟元やウエストにつける装身具から生まれた。

44
ダイヤモンドコサージュオーナメント
Diamond Corsage Ornament
シルバー、ダイヤモンド
10.1×8.1
1780年頃　イギリス

45
ブローチ
Brooch
ゴールド、ブロンズ、ダイヤモンド、パール、ブルーエナメル
7.0×4.5
19世紀　イギリス
ミキモト真珠島　真珠博物館蔵
福井、広島会場で展示
ダイヤモンドと真珠を同心円上に配した重量感のあるブローチ。中央の星型の宝石をセットした部分には銅が使われている。ロイヤルブルーのエナメルが美しいヴィクトリア時代の典型的作品。裏にはコンパートメントがある。

46
リング「ジャルディネット」
Ring《GIARDINETTO》
ゴールド、シルバー、ダイヤモンド、ルビー、エメラルド
2.0×2.1
18世紀中期　イギリス
旧ヴィヴィアン・リーコレクション

「小さな庭」という意味のジャルディネットリングは、ダイヤモンドの花瓶に花が生けられた風情でダイヤモンドとルビー、エメラルドが配置されている。またこのリングは「風と共に去りぬ」のスカーレット・オハラ役で世界中を魅了した女優ヴィヴィアン・リーが愛蔵していた。

47
グリーンエナメル＆
ダイヤモンドリング
Green Enamel and Diamond Ring
ゴールド、シルバー、ダイヤモンド、グリーンエナメル
3.6×2.0／内径2.0
18世紀後期　フランス

48
ブルーエナメル＆
ダイヤモンドリング
Blue Enamel and Diamond Ring
ゴールド、ダイヤモンド、ブルーエナメル
3.2×2.2／内径2.2
19世紀初期　イギリス

49
ピンクトパーズ＆
ダイヤモンドブローチ
Pink Topaz and Diamond Brooch
シルバー、ダイヤモンド、ピンクトパーズ
7.0×6.2
1850年頃　イギリス
オールドヨーロピアンカットのダイヤモンドを用いたブローチ。ダイヤモンドの裏は石の輝きを増すためにひらかれ、短い筒の中に石をセットするカットダウンコレットという手法がとられている。ジランドール様式*にピンクトパーズが垂れ下がり、銀台の装飾モチーフには当時流行の花や植物が盛りこまれている。

50
ダイヤモンドスプレーブローチ
Diamond Spray Brooch
シルバー、ダイヤモンド
4.5×10.9
19世紀中期　フランス
ヴィクトリア女王が植物を愛したことから、植物のモチーフでジュエリーが作られ、とくに花束をリボンで結んだデザインは「愛情」を表わすメッセージジュエリーとして人気があった。

51
ガーネット＆ダイヤモンドペンダント
Garnet and Diamond Pendant

ゴールド、シルバー、ダイヤモンド、パール、ガーネット
チェーン：40.0／トップ：6.5×2.8
1860年頃　イギリス
カボションカット*したガーネットは、深みのある熟れた果実として好まれた。この作品は果実の房をデザインしたもので、ブラジリアンチェーン*には長さの調節ができる輪状のすべり金具がついている。

52
ホルバインスクペンダント
Holbeinesque Pendant
ゴールド、ダイヤモンド、エナメル
7.8×2.8
1870年頃　イギリス
ジョン・ブローデン
ヘンリー8世の宮廷画家であったハンス・ホルバインのルネサンス期のデザインに影響されたリバイバルジュエリー。金細工に優れた技術を発揮し、イギリスで活躍したジョン・ブローデンの作品。全体の形が長楕円形で、中央部分に大きなダイヤモンドを飾り、その周りにシャンルヴェエナメル*を用いている。裏側は金台で葉状の彫りが施されている。

53
エナメルブローチ
「ノースランバーランド夫人」
Enamel Brooch
《Mrs. Northranberland》
ゴールド、パール、エナメル
4.4×4.0
1830年頃　イギリス

54
エナメルミニアチュールセット
Enamel Miniature Set
（Pendant, Earrings）
ゴールド、ルビー、パール、エメラルド、エナメル
ペンダント：7.0×3.6／イヤリング：各5.7×2.3
1868年　フランス
精緻なエナメルにパールとルビーで細工した華やかな作品。オリジナルケースの裏側には「フランス、ボーヌ地方の都市サンタムールのアメデー伯爵から娘ベルト・ラ・ボーム・ド・タルブロンの結婚記念日に贈られた」と記載が残されている。

55
エナメルミニアチュールペンダント
Enamel Miniature Pendant
ゴールド、ダイヤモンド、パール、エナメル

9.2×3.9
1870年頃　フランス
エナメルは透明あるいは不透明なガラス物質を溶かして金、銀、銅などの金属の板（稀に磁器）に焼きつけたもので、古代エジプト人がガラスを作る過程から発見し発展させたといわれている。とくに異なる色の層を重ねてきたミニアチュールは高価な装身具として珍重された。天使のモチーフ、フレームから揺れる垂れ飾りのついたデザインは新古典主義*のリバイバル作品。

56
エナメル＆ゴールドセット
Enamel and Gold Set
（Brooch, Earrings）
ゴールド、エナメル
ブローチ：4.8×3.3／イヤリング：各3.8×2.1
1870年頃　フランス
ウジェーヌ・フォンテーヌ
古代美術の様式をとりいれたフランスを代表する金細工師ウジェーヌ・フォンテーヌの作品。折衷主義のエレガントなデザインが特徴的で、新古典主義*をテーマにフレスコ画のようなつやや消しエナメルを用いた作品を残した。

57
スイスエナメルブローチ
Swiss Enamel Brooch
ゴールド、エナメル
4.2×5.9
19世紀中期　スイス

58
スイスエナメルブレスレット
Swiss Enamel Bracelet
ゴールド、エナメル
5.0×19.4
19世紀中期　スイス

59
リモージュエナメルブローチ
Limoges Enamel Brooch
ゴールド、パール、エナメル
径3.2
1870年頃　フランス
リモージュの工房はグリザイユエナメル*でその名声を得たが、この作品もその名の通り、濃いグレーから白までの色彩の変化を見事に表わしている。

60
リモージュエナメルブローチ
Limoges Enamel Brooch
ゴールド、ダイヤモンド、パール、エナメル
径3.2

1880〜90年頃　フランス
エナメルの中にゴールドとダイヤモンドを嵌め込んだ作品で、モチーフはジャンヌ・ダルク。

61
ホワイトカルセドニー＆
ゴールドシール
White Chalcedony and Gold Seal
ゴールド、ホワイトカルセドニー
2.3×1.8×2.7
1790〜1800年頃　イギリス
エドワード・バーチ
インタリオ彫刻師のなかでも優れたイギリス人作家として名高いエドワード・バーチの作品。彫刻のみならず細密画を描くなど、多彩な才能をもち、題材も古典から当時の人々の肖像画までと幅広かった。その特徴は、線が強く輪郭がはっきりしており、表情や容姿が美しく描かれている点にある。捺印するために機能的にデザインされたこのシールのラインは、シンプルな美しさがきわだつ。

62
コーネリアン＆ゴールドシール
（シャトリン付）
Cornelian and Gold Seal
(with Chatelaine)
ゴールド、コーネリアン
2.2×2.5×3.3／シャトリン：25.6
1820年頃　イギリス

63
コーネリアンインタリオ＆
ゴールドペンダント
Cornelian Intaglio and Gold Pendant
ゴールド、コーネリアン
5.5×6.4
1790〜1800年頃　イギリス
旧ポニアトフスキーコレクション
沈み彫りを施したインタリオは、紀元前4世紀頃よりシール（印章）として使われた。素材にはメノウや水晶の石が用いられたが、実際に印章を押した時にきれいなレリーフが出るよう仕上げるため、カメオよりさらに高度な技術が必要とされる。この作品は鮮明かつ躍動感あふれる彫刻とテーマ性をもち、新古典主義*の理念を見事に表現している。

64
インタリオ＆ゴールドネックレス
Intaglio and Gold Necklace
ゴールド、インタリオ
22.5
インタリオ：ローマ時代　エジプト
金細工：1870年頃　北アフリカ

旧フレデリカ・クックコレクション
フレームに用いられた刺繍のような金細工は、19世紀の北アフリカ特有のもので、さらにヨーロッパのテイストが加わり洗練された。この作品を旧蔵していたクック夫人は、エジプトのアレクサンドリアに滞在中、地中海沿岸の、発掘隊も未踏だった国々を旅し、それぞれの土地の伝統を表わす宝飾品を収集した。クック夫人の記録によると、「エジプトでインタリオを入手した」とあることから、このインタリオもエジプトの発掘品と考えられる。

65
カメオ&インタリオ
ゴールドパリュール
Cameo and Intaglio Gold Parure
(Necklace, Bangle, Brooch, Earrings, Two Rings adapted from Hairpins)
ゴールド、コーネリアン、グリソプレーズ、ニコロ、ジャスパー
インタリオ：2世紀　イタリア
金細工：1868年　ナポリ
カザルタ・モラビト
橋本貫志コレクション蔵
考古の発掘品から着想したリバイバル様式のパリュールセット。金のフィリグリー*とカエル（幸運をもたらす）が点在する縁飾りが、ハードストーンのインタリオを囲んでいる。ネックレスとイヤリングには、雄牛の頭、水瓶と人面、ロゼット（バラに似た）の金装飾がつき、それぞれのインタリオには、狩人や戦士、大ヤギやペガサス、鳥や魚介、ローマのガレー船、ヴィクトリア、トリトン、レダ、ユピテルといったローマ神話の神々が描かれる。このセットは依頼主の娘の結婚に際して作られたもので、製作者であるナポリのカザルタ・モラビトは珊瑚の宝飾品を専門にしており、ポンペイ様式の作品を18金で作ることに精通していた。

66
ハードストーンカメオ&
ゴールドブローチ
Hard-Stone Cameo and Gold Brooch
ゴールド、ハードストーンカメオ
4.2×6.4
17世紀　イタリア
ハードストーンといわれる二層になったメノウに見られる自然が生みだす縞模様は、「神々の意思のあらわれ」と考えられ、邪眼除けの護符としても用いられた。この作品にはシャリヨ（2頭立ての馬車）に乗った勝利の女神とその前に控える軍神、フェイム（名声の化身）が彫られている。

67
シェルカメオ&ゴールドセット
Shell Cameo and Gold Set
(Necklace, Brooch, Earrings)
ゴールド、シェルカメオ
ネックレス：66.0／ブローチ：4.0×4.5／イヤリング：各6.0×2.7
19世紀初期　イギリス
ローマ神話を題材に彫られたセットジュエリーに金細工が施されたカメオ。繊細な6本のチェーンでつながれたネックレスは当時流行のもので、カメオのモチーフには、ローマ誕生にゆかりのある狼に育てられたロムルスとレムス、ウェヌスとクピドの神話の場面が描かれている。中央のブローチにはカピトリヌス丘の鳩、イヤリングには神々の使者ヘルメスと青春の女神ヘーベーが彫られている。

68
オニキスカメオ&
ダイヤモンドブローチ
Onyx Cameo and Diamond Brooch
シルバー、ダイヤモンド、オニキスカメオ
5.5×4.4
19世紀中期　イギリス
3層の厚みのあるオニキスに、クピドを彫ったカメオ。頭に巻かれたバラのリースと羽が精巧に彫られ、フレームにダイヤモンドがセットされている。

69
ハードストーンカメオ&
ハーフパールブローチ
Hard-Stone Cameo and
Half-Pearl Brooch
ゴールド、ダイヤモンド、ハーフパール、ハードストーンカメオ
5.0×4.1
1860年頃　フランス
「ブラッカムーア」といわれる黒人像の頭部をモチーフにしたカメオ。ダイヤモンドの髪飾り、ネックレス、イヤリングなどで着飾った肖像のあるものをカメオ・アビエ*と呼んだ。

70
ハードストーンカメオ&
エナメルペンダント
Hard-Stone Cameo and
Enamel Pendant
ゴールド、ハードストーンカメオ、エナメル
8.8×5.7
カメオ：19世紀初期　イタリア　ルイジ・イスラー／フレーム：1870年頃　イギリス　カルロ・ジュリアーノ
ロンドンで活躍した宝石彫刻師ルイジ・イスラーによって彫られたカメオ。モチーフには彼の代表作ギリシアの英雄アキレウスが描かれ、フレームには宝石細工師カルロ・ジュリアーノによるルネサンス的な色調のエナメルと金細工が施されている。

71
ラブラドライトカメオペンダント
Labradorite Cameo Pendant
シルバー、ラブラドライトカメオ
チェーン：68.0／トップ：8.5×6.4
19世紀中期　イタリア
技芸を司る女神ミネルヴァをモチーフにしたカメオで、シルバーの重厚なフレームがつけられている。ラブラドライトの遊色効果が魅力的な作品。

72
アメシストカメオ&
ハーフパールバングル
Amethyst Cameo and Half-Pearl
Bangle
ゴールド、ハーフパール、アメシストカメオ
カメオ：3.4×2.7／バングル：径6.5
19世紀中期　イギリス

73
シェルカメオセット
Shell Cameo Set
シェルカメオ
額：27.0×30.4
19世紀中期　イタリア
ルイジ・サウリーニ
ヴァチカンのベルベデーレ庭園のアポロン、ナポリ美術館のプシュケー、ヴァチカン美術館のアルテミス、フィレンツェ美術館のアリアドネーなど、美術館の収蔵品を模刻したもので、額の裏板に手書き文字でそれぞれの名称が記されている。

74
シェルカメオ
Shell Cameo
シェルカメオ
5.6×6.9
19世紀中期　イタリア
トンマーゾ・サウリーニ
19世紀を代表するイタリア人カメオ作家であるサウリーニ父子の作品（No.75も参照）。躍動感あふれる見事な彫りで、古代ギリシアの彫刻師アテニオンのカメオモチーフを再現している。作品にはそれぞれの銘が刻まれている。

75
シェルカメオ
Shell Cameo

シェルカメオ
5.6×6.9
19世紀中期　イタリア
ルイジ・サウリーニ

76
コーラルカメオブローチ
Coral Cameo Brooch
コーラルカメオ
3.8×4.9
19世紀中期　イタリア
羽の生えた天使の頭部が彫られ、地中海珊瑚の独特なオレンジがかった赤みが魅力的な作品。

77
マラカイトカメオ＆
ゴールドネックレス
Malachite Cameo and Gold Necklace
ゴールド、マラカイトカメオ
17.4×16.4
1830年頃　イギリス

78
ブラッドストーンカメオ＆
ゴールドブローチ「キリスト」
Blood-Stone Cameo and Gold Brooch
《Jesus Christ》
ゴールド、ブラッドストーンカメオ
5.8×4.4
19世紀中期　イギリス

79
アンバーカメオブローチ
Amber Cameo Brooch
ゴールド、シルバー、ダイヤモンド、ターコイズ、アンバーカメオ
5.9×4.9
19世紀後期　イタリア

80
ウェッジウッドカメオ＆
ゴールドブローチ
Wedgwood Cameo and Gold Brooch
ゴールド、ジャスパーウェア
5.8×4.7
19世紀初期　イギリス

81
ラーヴァカメオブレスレット
Lava Cameo Bracelet
ゴールド、ラーヴァカメオ
20.0×4.2
1870年頃　イタリア

82
コンクシェルカメオブローチ
Conch-Shell Cameo Brooch
ゴールド、コンクシェルカメオ
5.3×4.5
19世紀中期　イタリア

83
べっ甲カメオセット
Tortoiseshell Cameo Set
べっ甲カメオ
ブローチ：9.0×5.0／イヤリング：各6.5×1.5
19世紀中期　イタリア

84
ローマンモザイク＆
ゴールドブレスレッド（ペア）
Roman Mosaic and
Gold Bracelets（A Pair）
ゴールド、ガラス
女性：4.4×16.8／男性：4.4×17.8
19世紀中期　イタリア

85
ローマンモザイク＆ゴールドブローチ
Roman Mosaic and Gold Brooch
ゴールド、ガラス
5.8×6.5
19世紀中期　イタリア
ジオアチーノ・バルベリ
色とりどりの花と鳩がさまざまな色彩で表現されたモザイク作品。裏側には作者バルベリの名前が刻まれている。彼の作品はモザイクのパーツが丸みを帯びていること、同系色のグラデーションを用いているのが特徴である。

86
ローマンモザイク＆ゴールドブローチ
Roman Mosaic and Gold Brooch
ゴールド、ガラス
6.0×8.1
19世紀中期　イタリア
鳥を追っている犬のモチーフ。波形のモザイクを用いて犬の毛並みを表現した表情豊かな作品。

87
ローマンモザイク＆ゴールドブローチ
Roman Mosaic and Gold Brooch
ゴールド、ガラス
5.4×6.3
19世紀中期　イタリア
ローマンモザイクのモチーフには、当時グランドツアーでイタリアを訪れたイギリス人たちが好む哲学者や芸術家の登場する主題が多く選ばれた。

88
フローレンスモザイク＆
ゴールドセット
Florence Mosaic and Gold Set
(Pendant, Bracelet, Earrings, Studs)
ゴールド、マーブル、ハードストーン
ペンダント：7.2×4.8／ブレスレット：20.4×2.7／イヤリング：各4.4×2.1／スタッド：径2.2
1860年頃　イタリア

89
スコティッシュブローチ
Scottish Brooch
ゴールド、アメシスト、シトリン
7.5×5.0
19世紀中期　イギリス

90
スコティッシュショールピンブローチ
Scottish Shawl Pin Brooch
ガーネット、シルバーギルト
8.1×5.6
1849年12月17日　アイルランド
ウエスト＆サン
紀元前800年頃に作られたシルバーギルトのアイリッシュブローチをウエスト＆サンが復刻品として製作し、1851年のロンドン万国博覧会の折にヴィクトリア女王にプレゼントしたことから「クイーンズブローチ」として知られる。

91
スコティッシュブローチ
「ケルトスタイル」
Scottish Brooch《Celtic Style》
ゴールド、アメシスト、シトリン、コーネリアン、モスアゲート、ブラッドストーン
6.2×6.0
1870年頃　イギリス
古代の巻き衣装に使われた「ケルトスタイル」と呼ばれる肩留ブローチ。

92
スコティッシュブローチ
「セントアンドリュースクロス」
Scottish Brooch
《Saint Andrew's Cross》
ゴールド、コーネリアン、モスアゲート、カルセドニー、ブラッドストーン
4.8×6.0
1875年5月10日　スコットランド
聖アンドリューの十字架を形どっている。裏側にあるレジスターマークから製作年月日、種類や形式番号までわかるようになっている。

93
スコティッシュブローチ
「ガーターベルト」
Scottish Brooch《Garter Belt》
シルバー、コーネリアン、モスアゲート、カルセドニー、ブラッドストーン
6.0×6.0
19世紀中期　イギリス

94
スコティッシュピンブローチ「ダーク」
Scottish Pin Brooch《DIRK》
シルバー、シトリン、コーネリアン、ブラッドストーン
12.9×1.6
19世紀中期　イギリス
シャンドウと呼ばれる靴下につけられたナイフを形どったキルトピンで、先端にはアザミの花の形にカットされたシトリンがついている。

95
スコティッシュブレスレット
Scottish Bracelet
ゴールド、コーネリアン、ブラッドストーン、モスアゲート
5.6×19.2
19世紀中期　イギリス
十字架（クロス）がデザインされゴールドで作られた珍しい作品。ロケットのついたペンダントが下がっている。

96
ピクウェボックス
Pique Box
シルバー、べっ甲
6.2×8.0×1.2
18世紀後期　イギリスまたはフランス
繊細な象嵌細工が施されたスナッフボックスといわれる嗅ぎタバコ入れ。

97
ピクウェブローチ
Pique Brooch
ゴールド、シルバー、べっ甲
6.3×2.2
19世紀中期　イギリスまたはフランス

98
ピクウェイヤリング
Pique Earrings
ゴールド、シルバー、べっ甲
各5.0×2.2
19世紀中期　イギリスまたはフランス
幸運を運ぶといわれるツバメをモチーフにしたもの。

99
ピクウェバックル
Pique Buckle
ゴールド、シルバー、べっ甲
6.6×7.1
19世紀中期　イギリスまたはフランス

100
ピクウェ櫛
Pique Comb
ゴールド、シルバー、べっ甲
8.7×3.6

19世紀中期　イギリス
ハチの巣の模様が施された櫛で、このように大きなピクウェ作品は珍しい。

101
アイボリーミニアチュール＆ゴールドスライド
Ivory Miniature and Gold Slide
ゴールド、アイボリー
4.3×3.6
18世紀後期　イギリス

102
アイボリーブローチ
Ivory Brooch
アイボリー
4.1×8.1
19世紀中期　ドイツまたはスイス
フリードリヒ・ハーツマン
バラをもつ手は「真の友情」を意味し、ロマン主義*特有のメッセージをもった代表的モチーフ。フリードリヒ・ハーツマンのデザインによるもので、しなやかな指先と袖口のフリル、バラの花びらが見事に表現されている。

103
アイボリーブレスレット
Ivory Bracelet
アイボリー
5.0×17.7
19世紀中期　ドイツまたはスイス

104
アイボリーブローチ
Ivory Brooch
アイボリー
6.0×7.0
19世紀中期　ドイツまたはスイス
躍動感あふれる鹿を繊細な透かし細工で立体的に彫り込んだ作品。森を暗示する木の繁みで縁どられている。

105
アイボリーバングル
Ivory Bangle
アイボリー
8.0×5.0
19世紀中期　ドイツまたはスイス
旧ハンティントン伯爵夫人コレクション
蛇の攻撃から巣を守る鳩がバングル中央に彫り出されている。

106
マルカジットブローチ
Marcasite Brooch
シルバー、マルカジット
2.9×3.9
1776年　イギリス

初期のマルカジットは、高さのあるピラミッド形をしており、カット面が多く、磨かれていないのが特徴だった。ロケットの裏側には、エナメルで「RCA JAN. 31 1776」と書かれている。

107
フレンチペーストブローチ
French-Paste Brooch
シルバー、ペースト
径5.2
1830年頃　イギリス
ペーストは古代から貴石に似せた宝飾品の代用として使われたガラスで、とくに鉛を含んだガラスは研磨することでより優れた輝きと透明性を放ち、ダイヤモンドの代用品とされた。星の下にはスプリングがあり振動によって揺れるようになっている。

108
カットスティール櫛
Cut-Steel Comb
べっ甲、カットスティール
7.7×10.4
19世紀初期　イギリス
小さな鋲状に鋼をカットし、土台となる金属板（真鍮やシルバーの合金）に細かな孔をあけて鋲留めして作られた作品。

109
カットスティールシャトリン
Cut-Steel Chatelaine
カットスティール
22.3×3.8
19世紀初期　イギリス

110
アメシストグラス＆マルカジットセット
Amethyst-Glass and Marcasite Set
(Necklace, Earrings)
シルバー、アメシストグラス、マルカジット
ネックレス：17.0×13.2／イヤリング：各4.2×1.1
19世紀後期　イギリス

111
ベルリンアイアンワークペンダント
Berlin-Iron-Work Pendant
アイアン
クロス：8.0×6.7／チェーン：108.0
19世紀初期　ドイツ
鉄に繊細な透かし細工を施すことで、装飾性の高い装身具に仕上げている。ドイツがフランスとの戦争の折、貴金属を供出させ、その代用品として国民に与えた鋳鉄のジュエリー。

253

112
ベルリンアイアンワークブレスレット
Berlin-Iron-Work Bracelet
アイアン
5.2×22.0
1820年頃　ドイツ

113
ボヘミアンガーネットブローチ
Bohemian-Garnet Brooch
ガーネット
7.3×3.3
1870年頃　チェコ

114
ボヘミアンガーネットネックレス
Bohemian-Garnet Necklace
ガーネット
43.0
1870年頃　チェコ
ボヘミア地方で産出された血赤色のガーネットをローズカットやブリリアントカットにし、カボション・ガーネットの周りに爪が見えないようにセットする。それまでとは異なる趣きが生まれ「ボヘミアンガーネット」と呼ばれて愛好された。

115
ボヘミアンガーネットチョーカー
Bohemian-Garnet Choker
ガーネット
5.4×33.7
19世紀中期　チェコ

116
シルバーロケットチェーン
Silver Locket Chain
シルバー
チェーン：47.0／ロケット：6.7×3.8
1880年頃　イギリス
アメリカで銀鉱脈が発見されて以降、ゴールドの代用品として使われたシルバーは、独自の様式を展開し、1870年代には大きなロケットのついたチェーンと幅広のバングルといった形で流行した。銀台に施された彫りと立体的な細工は金細工の影響を受けた技術といえる。

117
シルバー＆ゴールドバングル
Silver and Gold Bangle
ゴールド、シルバー
4.4×6.2
1880年頃　イギリス

118
アルマンディンガーネット＆
シルバーネックレス
Almandine-Garnet and Silver Necklace
シルバー、アルマンディンガーネット、ペリドット
7.8×5.5
1904年　イギリス
バーナード・クンツァー
アーツ＆クラフツ運動*を代表する銀細工師で、リバティー社で活躍したバーナード・クンツァーの作品。

119
タイガークロウ＆ゴールドブローチ
Tiger's Claw and Gold Brooch
ゴールド、珊瑚、エナメル
3.8×7.4
19世紀後期　イギリス
異国趣味を反映し、インドからもたらされたトラの爪を珊瑚やゴールドで華やかに仕上げた作品。

120
ホーン＆ゴールドセット
Horn and Gold Set
（Necklace, Earrings）
ゴールド、ホーン（雄牛の角）
ネックレス：3.1×43.5／イヤリング：各2.7×2.3
19世紀中期　中国
明るい色のべっ甲や象牙の代用品として用いられたホーン（角）には、雄牛のものが使われた。中国の精巧な細工品が数多くヨーロッパ向けに輸出されたが、なかでもこの作品はイギリス人が好むバラをモチーフにしている。

121
昆虫＆ゴールドイヤリング
Insect and Gold Earrings
ゴールド、昆虫
各3.0×1.3
19世紀後期　イギリス
美しい斑紋の昆虫をジュエリーにしたもので、裏側の腹部や脚なども金で精巧に作られている。

122
シャーク＆シルバーセット
Shark and Silver Set
（Necklace, Earrings）
シルバー、サメの歯
ネックレス：19.0×19.0／イヤリング：各5.5×3.0
19世紀後期　イギリス
サメの歯とマットな質感のシルバーチャームを組み合わせた作品。

123
ブルーバタフライブローチ「トンボ」
Blue Butterfly Brooch 《Dragonfly》
シルバー、モルフォ蝶
6.2×8.2
20世紀初期　イギリス
南米産のモルフォ蝶の羽の美しさを活かして作られている。

124
カメオデザイン画
Cameo Design
エッチング、紙
35.0×35.2
18世紀　イギリス

125
カメオデザイン画
Cameo Design
エッチング、紙
35.0×35.2
18世紀　イギリス

126
カメオデザイン画
Cameo Design
エッチング、紙
37.0×41.8
18世紀　イギリス

127
カメオデザイン画
Cameo Design
エッチング、紙
37.0×41.8
18世紀　イギリス

128
カメオデザイン画
Cameo Design
エッチング、紙
37.0×41.8
18世紀　イギリス

129
カメオデザイン画
Cameo Design
エッチング、紙
37.0×41.8
18世紀　イギリス

130
ジュエリーデザイン画
Jewellery Design
エッチング、手彩色、紙
33.0×40.0
1862年　イギリス

131
ジュエリーデザイン画
Jewellery Design
エッチング、手彩色、紙
33.0×40.0
19世紀中期　イギリス

132
ジュエリーデザイン画
Jewellery Design
エッチング、手彩色、紙
33.0×40.0
19世紀中期　イギリス

133
ジュエリーデザイン画
Jewellery Design
エッチング、手彩色、紙
33.0×40.0
19世紀中期　イギリス

134
ジュエリーデザイン画
Jewellery Design by Léon Rouvenat
水彩、紙
30.0×22.0
19世紀後期　フランス
レオン・ルヴナ

135
ジュエリーデザイン画
Jewellery Design by Léon Rouvenat
水彩、紙
33.0×28.0
19世紀後期　フランス
レオン・ルヴナ

136
ジュエリーデザイン画
Jewellery Design by Léon Rouvenat
水彩、紙
28.0×24.5
19世紀後期　フランス
レオン・ルヴナ

137
ジュエリーデザイン画
Jewellery Design by Léon Rouvenat
水彩、紙
28.0×24.0
19世紀後期　フランス
レオン・ルヴナ

138
ジュエリーデザイン画
Jewellery Design by Léon Rouvenat
水彩、紙
30.0×22.5
19世紀後期　フランス
レオン・ルヴナ

139
ジュエリーデザイン画
Jewellery Design by Léon Rouvenat
水彩、紙
28.0×24.0
19世紀後期　フランス
レオン・ルヴナ

140
ジュエリーデザイン画
Jewellery Design by Léon Rouvenat
水彩、紙
30.0×22.0
19世紀後期　フランス
レオン・ルヴナ

141
ジュエリーデザイン画
Jewellery Design by Léon Rouvenat
水彩、紙
31.5×24.0
19世紀後期　フランス
レオン・ルヴナ

142
ジュエリーデザイン画
Jewellery Design by Léon Rouvenat
水彩、紙
31.0×24.0
19世紀後期　フランス
レオン・ルヴナ

143
ジュエリーデザイン画
Jewellery Design by Léon Rouvenat
水彩、紙
32.0×24.0
19世紀後期　フランス
レオン・ルヴナ

144
ジョージアンゴールドマフチェーン
Georgian Gold Muff Chain
ゴールド、ターコイズ
チェーン：95.5
19世紀初期　イギリス
旧ジョン・シェルダンコレクション

145
ガーネット＆
ダイヤモンドゴールドセット
Garnet and Diamond Gold Set
(Bracelet, Brooch)
ゴールド、ガーネット、ダイヤモンド
ブレスレット：6.7×16.5／ブローチ：9.0×6.7
1840年頃　フランス
旧ジョン・シェルダンコレクション

146
ブルーエナメル＆ゴールドネックレス
Blue Enamel and Gold Necklace
ゴールド、ダイヤモンド、パール、ブルーエナメル
19.0×13.0（ペンダント：4.5×2.7）
1865～70年頃　イギリス
旧ジョン・シェルダンコレクション

147
天空を横切る勝利の女神
《Winged Victory》
ゴールド、積層アゲートカメオ
9.8×11.0
カメオ：1600年頃／フレーム：17世紀
イタリア
旧イスメリアンコレクション

148
コーネリアンインタリオセット
Cornelian Intaglio Set
ゴールド、コーネリアン
オリジナルケース：26.8×23.8
19世紀初期　イタリア
旧イスメリアンコレクション

149
インタリオ＆ゴールドペンダント
Intaglio and Gold Pendant
ゴールド、積層アゲート
5.1×4.0
19世紀初期　イタリア
旧イスメリアンコレクション

150
ラーヴァカメオ「メドゥーサ」
Lava Cameo《MEDUSA》
ラーヴァカメオ
4.0×5.0
19世紀中期　イタリア
旧イスメリアンコレクション

151
エナメル＆サファイア、
ダイヤモンドネックレス
Enamel and Sapphire, Diamond Necklace
ゴールド、ダイヤモンド、パール、サファイア、エナメル
22.8×24.0
1880年頃　イギリス
カルロ・ジュリアーノ
旧イスメリアンコレクション

152
ハードストーンカメオセット
Hard-Stone Cameo Set
ハードストーンカメオ
額：51.5×43.5
17世紀後期～19世紀後期
イギリス、イタリア、フランス
旧ピアポント・モーガンコレクション

153
チャールズ1世のモーニングスライド
Mourning Slide of Charles I
ゴールド、エナメル、クリスタル、遺髪

3.5×2.3
1650年頃　イギリス
亡き国王を追悼するため、その遺髪を編み、その上に「CR」(ラテン語でチャールズ王の意)のイニシャルを飾って水晶で覆ったスライド*。裏側についた2つの平らなループにシルクや髪の毛のリボンを通して身につけた。

154
チャールズ2世のモーニングスライド
Mourning Slide of Charles II
ゴールド、パール、エナメル、遺髪
1.9×2.1
1685年頃　イギリス
遺髪の上に「CR」(ラテン語でチャールズ王の意)のイニシャルを飾ったスライド*。

155
アン女王のプレゼンテーションリング
Presentation Ring of Queen Anne
ゴールド、シルバー、ダイヤモンド
リング：2.0／額：42.0×33.0
1702年　イギリス

156
ジョージ4世のデスクシール
Desk Seal of George IV
ゴールド、シトリン
7.0×2.6
1820年頃　イギリス

157
シャーロット妃の
「アイ」ブレスレット
《EYE》Bracelet of Princess Charlotte
ゴールド、アイボリー
4.8×21.0
1817年頃　イギリス
「涙のジュエリー」といわれる片方の目と眉を描いた作品は、19世紀初頭のロマン主義*の傾向を表わすデザインといえ、当時のミニアチュール技法の頂点でもある。

158
ウィリアム4世のメメント
Memento of William IV
ゴールド、シルバー、ダイヤモンド、エナメル
各4.0×3.5
1830年頃　イギリス
個人蔵　協力：アルビオン アート・ジュエリー・インスティテュート
ウィリアム4世は1830年の即位に際し、女優ジョーダン夫人(1762～1816)によるデザインのジュエリーを子供たちへ与えた。「テューダーローズ」が象嵌されたメメント(記念するもの)は、

ヘンリー7世(1457～1509)の治世以来、イギリスの象徴となってきたもので、ウィリアム4世(WとR)とアデレード王妃(AとR)のイニシャルとが組み合わされて、王室への強い愛の表明ともなっている。このペアブローチは、バンドの留金につけてブレスレットや、またドレスなどにピンで留めて着用された。(宝飾史家ダイアナ・スカリスブリック)

159
ヴィクトリア女王の
ミニアチュールペンダント
Miniature Pendant of Queen Victoria
ゴールド、シルバー、ダイヤモンド、エナメル
3.0×2.2
1838年　イギリス
ウィリアム・エセックス
1837年のヴィクトリア女王戴冠時の肖像がダイヤモンドのフレームにセットされたペンダント。ミニアチュール画家ウィリアム・エセックスによって描かれたロイヤルギフトで、ペンダントの裏側には王冠と「VR」(VictoriaのV、Regina＝女王のR)とが彫られ、おそらく王室の一員か、親しい政治家あるいは女官に贈られたものと考えられる。

160
アルバート公のロケット
Locket of Prince Albert
ゴールド、ダイヤモンド、エナメル
7.6×4.5
1840年　イギリス
個人蔵　協力：アルビオン アート・ジュエリー・インスティテュート
アルバート公から陸軍大尉ジョン・ハミルトンへのロイヤルギフト。1840年2月10日のヴィクトリア女王との結婚に際して贈られた。ジョン・ハミルトンは、アルバート公のドイツからロンドンへの旅路に随行した一人と思われる。このロケット裏面につけられた紙片には、スコットランドのハミルトン一族によって秘蔵されていたことが記されている。「A」の書体には当時流行したロマン主義*への嗜好が見られ、ダイヤモンドとロイヤルブルー地のコントラストには、18世紀後期の新古典主義*が反映している。(宝飾史家ダイアナ・スカリスブリック)

161
エナメルミニアチュールブローチ
Enamel Miniature Brooch
ゴールド、エナメル
2.8×2.4
1850年　イギリス

ウィリアム・エセックス

162
ヴィクトリア女王の
ミニアチュールブレスレット
Miniature Bracelet of Queen Victoria
ゴールド、ダイヤモンド、ルビー、エメラルド、エナメル
8.5×18.0（ミニアチュール：5.5×4.8）
1852年　イギリス
個人蔵　協力：アルビオン アート・ジュエリー・インスティテュート
東京会場で展示
ブレスレット裏側に、ヴィクトリア女王から縁戚のステファニー・フォン・ホーエンツォレルン(1837～59)へ贈られたことが銘刻されている。ポルトガルの国王ペドロ5世との結婚に際し、ドイツからリスボンへ赴く途上、イギリスで数日を過ごしたステファニーは、オペラを観劇し、晩餐会や外交レセプション、バッキンガム宮殿の舞踏会に出席した。彼女のポルトガルへの出港前日、ヴィクトリア女王は、イギリス訪問の記念と情愛のしるしにこのブレスレットを贈った。ダイヤモンドとルビー、エメラルドのフレームで囲まれた女王の肖像をともなうこうしたギフトは、最高の栄誉のしるしであったことだろう。彼女は母親に「ヴィクトリア女王はご親切でまったく気取りのないお人柄でした。お母様もきっとご信頼なさることでしょう」と書き送っている。しかし、彼女はこのブレスレットをそれほど長く所有しなかった。毒殺との見方もあったほど、あまりにも突然の死に見舞われたからである。彼女の夫ペドロ王もコレラの流行で1861年に逝去した。(宝飾史家ダイアナ・スカリスブリック)

163
ヴィクトリア女王の
ミニアチュールペンダント
Miniature Pendant of Queen Victoria
ゴールド、シルバー、ダイヤモンド、エナメル
5.5×4.0
1858年6月14日　イギリス

164
ヴィクトリア女王のカメオペンダント
Cameo Pendant of Queen Victoria
ゴールド、シェルカメオ
7.3×4.8
19世紀中期　イタリア
トンマーゾ・サウリーニ
ヴィクトリア女王は、トンマーゾ・サウリーニに、1851年のロンドン万国博覧会のメダルの肖像をカメオとして製

作するよう依頼している。正装用のハードストーンカメオ（ダイヤ付）、略式用のシェルカメオ（パール付）、それぞれの小さいサイズのカメオ、といった内容で、63年のソサエティ・オブ・アート紙には「ハードストーンカメオ6点、シェルカメオ4点、追加5点」とあり、1点のカメオにつき15個以上注文した記載がある。しかし、64年のトンマーゾが亡くなった時点では完成しておらず、一部はその息子ルイジに引き継がれて製作された。

165
アルバート公のカメオペンダント
Cameo Pendant of Prince Albert
ゴールド、シェルカメオ、ブルーエナメル
7.0×5.0
19世紀中期　イギリス
ルイジ・サウリーニ

166
ロイヤルポートレートミニアチュール
（ルイーズ妃、ヘレナ妃、アーサー王子）
Royal Portrait Miniature
(Children of Queen Victoria, Louise, Helena and Arthur)
ゴールド、アイボリー、グアッシュ
25.0×31.5
1855年頃　イギリス
サー・ウィリアム・チャールズ・ロス

167
ヘレナ妃の
プレゼンテーションペンダント
Presentation Pendant of
Princess Helena
ゴールド、ターコイズ
4.6×2.7
1864年1月21日　イギリス
パヴェセットされたターコイズと金細工のコントラストが美しい作品。

168
ヴィクトリア女王の
プレゼンテーションブローチ
Presentation Brooch of Queen Victoria
ゴールド、御影石
3.3×3.3
1871年1月2日　イギリス
御影石をマルティーズクロス*の形に仕上げた作品。

169
ヴィクトリア女王から贈られた
クリスニングセット
Christening Set gifted from
Queen Victoria
シルバーギルト
カップ：高13.0×口径8.0　／スプーン18.0　／ナイフ：21.5　／フォーク：18.0
1870年11月24日　イギリス

170
ヴィクトリア女王の
プレゼンテーションブローチ
Presentation Brooch of Queen Victoria
シルバー、シトリン
4.3×4.3
19世紀後期　イギリス

171
ヴィクトリア女王の
プレゼンテーションブローチ
Presentation Brooch of Queen Victoria
ゴールド
3.5×3.3
1885年　イギリス

172
ヴィクトリア女王の
プレゼンテーションペンダント
Presentation Pendant of Queen Victoria
ゴールド、シルバー、ダイヤモンド、ルビー、エメラルド、ブルーエナメル
6.6×4.1
1875年　イギリス
ガラード

173
ヴィクトリア女王のシール
Seal of Queen Victoria
ゴールド、アゲート、コーネリアン
5.1×3.5×2.8
19世紀後期　イギリス

174
ケント公爵のシール
Seal of the Duke of Kent
ゴールド、コーネリアン
2.9×2.2×3.5
1800年頃　イギリス
ジョージ3世の四男でヴィクトリア女王の父ケント公爵が使用したシール。インタリオ部分には、皇太子を表わすクラウン、アイルランドの聖パトリック・ガーターと勲位を得た日付が彫られている。

175
スペンサー公爵のシール
Seal of the Duke of Spencer
ゴールド、プラチナ、ホワイトアゲート
1.8×2.1×4.4
18世紀後期　イギリス
ダイアナ元妃の父スペンサー公爵が代々受け継いできたシール。当時きわめて稀だった貴金属プラチナを斬新にデザインしたもので、所属していた組織のメンバーを表わすモチーフが彫られている。

176
ネイサン・ロスチャイルドのシール
Seal of Nathan Rothschilds
ゴールド、コーネリアン
2.2×2.7／チェーン：40.0
1825年頃　イギリス
19世紀から20世紀にかけてヨーロッパ金融界に君臨した国際的な財閥ロスチャイルド家の三男ネイサン・ロスチャイルド（1777〜1836）が使用していたシール。彼はロンドンにロスチャイルド銀行をひらき、イギリスの対ナポレオン戦争の戦費をまかなうなど、一族きっての大実業家だった。シャトリンといわれるウエストから吊るすチェーンがオリジナルの状態で残っていることは珍しく、金細工もまた見事な作品である。

177
ブローチ「クリスタルパレス」
Brooch 《Crystal Palace》
シルバー、ポーセレン
4.6×5.6
1851年　イギリス
ロンドン万国博覧会開催の記念に作られたブローチ。展示館の「クリスタルパレス」が陶板に彫られ銀のフレームにおさめられている。裏側には年号とイニシャルが刻まれている。

178
ヴィクトリア女王＆アルバート公の
ダブルポートレート・ブロンズメダル
Double-Portrait Bronze Medal :
Queen Victoria and Prince Albert
ブロンズ
ブロンズ：径7.7／オリジナルケース：10.8×10.8
1851年　イギリス
ウィリアム・ワイアン
英国王室造幣局で彫刻師をつとめていたウィリアム・ワイアン（1795〜1851）によるメダル。彼の死後、カメオ彫刻師トンマーゾ・サウリーニが、両陛下からの注文でこのメダルをモチーフにカメオを作った。

179
ヴィクトリア女王のエナメルブローチ
Enamel Brooch of Queen Victoria
シルバーギルト、エナメル
4.5×3.7
1887年　イギリス

180
リバースインタリオクリスタル
ペンダント
Reverse Intaglio Crystal Pendant
シルバー、リバースインタリオ、クリスタル
6.6×4.2
1887年　イギリス
テューダー王朝の紋章「テューダーローズ」と王冠、イニシャルを水晶に描いたペンダント。水晶を半円形にカボションカット*し、平らな面から沈み彫りを施して彫りの部分に彩色し、モチーフを描くリバースインタリオといわれる技法が用いられている。テューダーローズは、ばら戦争で名高いヨーク家（白バラ）とランカスター家（赤バラ）の紋章が合体して生まれた。

181
ヴィクトリア女王のブロンズメダル
Bronze Medal of Queen Victoria
ブロンズ
ブロンズ：径7.8／オリジナルケース：
11.7×11.7
1897年　イギリス
スピンク＆サン

182
ヴィクトリアン・アルバム
The Victorian Album
革、金具、手彩色、写真、オルゴールレコード
29.9×23.8×9.7
1901年　イギリス

183
エドワード7世の
プレゼンテーションバングル
Presentation Bangle of Edward VII
ゴールド、ダイヤモンド、エナメル
3.5×6.7
1903年　イギリス
エドワード7世とアレクサンドラ王妃のミニアチュールに、王冠と「EA」のイニシャル、また腕を飾る部分にアイルランドの国花シャムロックがギヨシェエナメル*で装飾されている。ロンドンデリー侯爵夫人テレーザに贈られた。

184
ダイアナ元妃のダイヤモンドリング
Diamond Ring of Princess Diana
ゴールド、ダイヤモンド
内径1.8
1985年　フランス
ルイ・ジェラール
外側にふくらんだデザインで、絹のような台座に格子状のレポゼ細工*が施

され、交差したところにブリリアントカットのダイヤモンドがコレットセットされている。

185
大英帝国地図
A Map of the British Isles
エッチング、アクアチント、紙
50.5×39.0
1851年　イギリス
地図：J. ラブキン／
イラスト：ジョン・サルモン

186
ヴィクトリア女王の家系図
Family Tree of Queen Victoria
エッチング、紙
額：39.0×34.0
1887年　イギリス

187
エドワード7世の戴冠式
The Coronation Ceremony of King Edward VII
エッチング、紙
34.5×42.5
1902年　イギリス

188
ウェディングドレス
Wedding Dress
シルクサテン
着丈137.0
1840年頃　イギリス

189
ウェディングベール（ロング）
Wedding Veil (Long)
58.0×284.0
19世紀後期　イギリス

190
ウェディングベール（スクウェア）
Wedding Veil (Square)
188.0×188.0
19世紀後期　イギリス

191
ウェディングショール
Wedding Shawl
168.0×98.0
19世紀後期　イギリス

192
オレンジブラッサム・
ヘアーオーナメント
Orange Blossom Hair Ornament
ロウワックス
24.0×24.0
19世紀後期　イギリス

193
オレンジブラッサム・
ヘアーオーナメント
Orange Blossom Hair Ornament
ロウワックス
24.0×22.0
19世紀後期　イギリス

194
オレンジブラッサム・
ヘアーオーナメント
Orange Blossom Hair Ornament
ロウワックス
20.0×25.0×15.0
19世紀後期　イギリス

195
リング「愛しき人」
Silver Guilt Ring《Sweetheart》
ゴールドギルト、シルバー
内径1.8
3～4世紀　イタリア（古代ローマ時代）
橋本貴志コレクション蔵

196
リング
Silver Ring
シルバー
内径1.7
4世紀　イタリア（古代ローマ時代）
橋本貴志コレクション蔵

197
リング「忠実」
Gold Fede Ring
ゴールド、ルビー
内径1.7
13世紀後半　不詳
橋本貴志コレクション蔵

198
リング「忠実」（2連指輪）
Gold Fede Ring (Two Hoops Ring)
ゴールド、エナメル
内径1.8
16世紀後半　オランダ
橋本貴志コレクション蔵

199
リング「忠実」（2連指輪）
Gold Fede Ring (Two Hoops Ring)
ゴールド、ルビー、ダイヤモンド、エナメル
内径1.7
16～17世紀　ドイツ
橋本貴志コレクション蔵

200
リング「忠実」
Gold Fede Ring

ゴールド、エナメル
内径1.7
17世紀　イギリス
橋本貴志コレクション蔵

201
リング（2連指輪）
Gold Ring (Two Hoops Ring)
ゴールド、ルビー、ダイヤモンド、
エナメル
内径1.8
17世紀　不詳
橋本貴志コレクション蔵

202
ポージーリング
Gold Posy Ring
ゴールド
内径1.6
17世紀　イギリス
橋本貴志コレクション蔵

203
ポージーリング
Gold Posy Ring
ゴールド
内径1.6
1620年　イギリス
橋本貴志コレクション蔵

204
リング（2連指輪）
Gold Ring (Two Hoops Ring)
ゴールド、エナメル
内径1.9
1632年　ドイツ
橋本貴志コレクション蔵

205
リング（2連指輪）
Gold Ring (Two Hoops Ring)
ゴールド、エナメル
内径1.8
17世紀中期　イギリス
橋本貴志コレクション蔵

206
ポージーリング
Gold Posy Ring
ゴールド
内径1.8
17世紀後期　イギリス

207
リング「忠実」
Gold Fede Ring
ゴールド
内径1.8
18世紀後期　イギリス

208
リング「蛇」
Gold Ring《Snake》
ゴールド
内径1.7
19世紀初期　イギリス

209
リング「忘れな草」
Gold Ring《Forget-me-not》
ゴールド
内径1.9
19世紀初期　イギリス

210
リング「蛇」
Gold Ring《Snake》
ゴールド、ダイヤモンド
内径1.9
19世紀後期　イギリス

211
シュガーケーキデザイン画
（ウェディング）
Sugar Cake Design
(Three-Tier Bride's Cake)
リトグラフ、紙
28.0×21.5
19世紀後期　イギリス

212
シュガーケーキデザイン画
（銀婚式）
Sugar Cake Design
(Silver Wedding Cake)
リトグラフ、紙
28.0×21.5
19世紀後期　イギリス

213
シュガーケーキデザイン画
（金婚式）
Sugar Cake Design
(Golden Wedding Cake)
リトグラフ、紙
28.0×21.5
19世紀後期　イギリス

214
初期のボビンレースと
ニードルワーク
The Early Bobbin Lace and
Needlework
ボード：80.0×60.0

215
ヴェネツィアの
ニードルポイントレース
Venetian Needlepoint Lace
ボード：80.0×60.0

216
フランドルとミラノのボビンレース
Flemish and Milanese Bobbin Lace
ボード：80.0×60.0

217
フランスのニードルポイントレース
French Needlepoint Lace
ボード：80.0×60.0

218
ブリュッセルニードルポイントレース
Brussels Needlepoint Lace
ボード：80.0×60.0

219
18世紀のブリュッセルと
デヴォンシャーのボビンレース
18th Century Brussels and
Devonshire Bobbin Lace
ボード：80.0×60.0

220
ブリュッセルのボビンと
ニードルポイントの混成レース
Mixed Brussels Bobbin and
Needlepoint Lace
ボード：60.0×80.0

221
ヴァランシエンヌボビンレース
Valenciennes Bobbin Lace
ボード：80.0×60.0

222
メッヘレンボビンレース
Mechlin Bobbin Lace
ボード：80.0×60.0

223
シャンティリとブロンドの
ボビンレース
Chantilly and Blonde Bobbin Lace
ボード：60.0×80.0

224
マルティーズとル・ピュイの
ボビンレース
Maltese and Le Puy Bobbin Lace
ボード：60.0×80.0

225
19世紀のブリュッセルボビンレース
19th Century Brussels Bobbin Lace
ボード：80.0×60.0

226
バッキンガムシャーポイント
ボビンレース
Buckinghamshire Point Bobbin Lace

ボード：80.0×60.0

227
ベッドフォードシャーギピュール
ボビンレース
Bedfordshire Guipure Bobbin Lace
ボード：80.0×60.0

228
ホニトンボビンレース
Honiton Bobbin Lace
ボード：60.0×80.0

229
レースのカラー（襟飾り）
Lace Collars
額：100.0×150.0
19世紀後期　ベルギー、イギリス

230
19世紀のレース飾りいろいろ
Lace Ornaments of 19th Century
額：100.0×150.0
19世紀後期　ベルギー、イギリス

231
ブリュッセルボビンレースの
ドレス飾り
Brussels Bobbin Lace Trimmings
on a Dress
額：150.0×100.0
19世紀後期　ベルギー

232
ヴィクトリア女王のショール
Triangle Shawl of Queen Victoria
綿
260.0×130.0
1865年頃　イギリス
ダイアン・クライス氏蔵

233
アリス妃のウェディング
ハンカチーフ
Wedding Handkerchief of Princess Alice
綿
47.0×47.0
1862年　イギリス
ダイアン・クライス氏蔵

234
アリス妃のハンカチーフ
Handkerchief of Princess Alice
綿
41.0×41.0
1878年頃　イギリス
ダイアン・クライス氏蔵

235
ブリュッセルデュシェスレースの扇
Brussels Duchess Lace Folding Fan
べっ甲、シルバー
24.5×44.0
1880～90年頃　フランスまたはベルギー

236
ブリュッセルデュシェスレースの扇
Brussels Duchess Lace Folding Fan
マザーオブパール、手彩色
37.8×66.8
1880～90年頃　フランスまたはベルギー

237
シャンティリレースの扇
Chantilly Lace Folding Fan
マザーオブパール、ゴールド
28.6×48.8
1880～90年頃　フランスまたはベルギー

238
ポワン・ド・ガーズレースの扇
Point de Gaze Lace Folding Fan
アイボリー、手彩色
30.4×53.5
1880～90年頃　フランスまたはベルギー

239
シャンティリレースの扇
Chantilly Lace Folding Fan
マザーオブパール
31.2×53.0
1890年頃　フランスまたはベルギー

240
日傘
Parasol
アイボリー
69.8×57.0
1890年頃　イギリス

241
日傘
Parasol
アイボリー
53.0×51.0
1880～90年頃　イギリス

242
モーニングドレス
Mourning Dress
シルクサテン
上着：45.0／スカート：103.0
1870年頃　イギリス

243
モーニングケープ
Mourning Cape
ビロード、レース、ビーズ刺繍
着丈35.0
1870年頃　イギリス

244
ヘアーミニアチュールリング
Hair Miniature Ring
ゴールド、アイボリー、ブラックエナメル、遺髪
内径1.5
1773年　イギリス

245
オニキス＆ゴールドリング
Onyx and Gold Ring
ゴールド、オニキス、遺髪
内径1.7
1830年頃　イギリス

246
ハーフパール＆ゴールドリング
Half-Pearl and Gold Ring
ゴールド、ハーフパール、クリスタル、ブラックエナメル、遺髪
内径1.7
1829年　イギリス

247
ヘアー＆ゴールドブローチ
Hair and Gold Brooch
ゴールド、ルビー、パール、遺髪
3.1×5.4
19世紀中期　イギリス

248
ヘアー＆ゴールドブローチ
Hair and Gold Brooch
ゴールド、パール、遺髪
5.1×6.0
1858年　イギリス

249
ヘアー＆ゴールドブローチ
Hair and Gold Brooch
ゴールド、遺髪
7.8×10.3
19世紀中期　イギリス
髪の毛を用いて生命の象徴である「イチイ」と「柳」を描いた作品。フレームには枝をモチーフにした金細工が施されている。

250
ヘアー＆ゴールドリボンブローチ
Hair and Gold Ribbon Brooch
ゴールド、遺髪
8.5×5.2
19世紀中期　イギリス
髪を立体的に編みこんでリボンの形に作られた。

251
「アイ」ミニアチュールブローチ
《EYE》Miniature Brooch
ゴールド、ダイヤモンド、エナメル
2.1×3.8
1870年頃　イギリス

252
ジェットストーンの記念石
Jet Stone Commemorating
ジェット
12.5×32.5
19世紀　イギリス
大きなジェットの原石が産出されたときに作られたもので、「Real Whitby Jet」(ウィットビー産ジェット)と記されている。

253
ジェットブローチ「ゼウス」
Jet Brooch《ZEUS》
ジェット
5.9×5.0
1870年頃　イギリス

254
ジェットネックレス
Jet Necklace
ジェット
50.2
1870年頃　イギリス

255
ジェットブローチ「ベラドンナ」
Jet Brooch《BELLA DONNA》
ジェット
9.7×12.0
19世紀中期　イギリス
魔力のある花「ベラドンナ」をモチーフに、魔除けの素材でもあるジェットと二重の意味を込めた作品。

256
ジェットネックレス「スズラン」
Jet Necklace《A Lily of the Valley》
ジェット
34.5
19世紀中期　イギリス
スズランのモチーフは「幸福の再来」を意味している。

257
ジェットブレスレット「蛇」
Jet Bracelet《Snake》
ジェット
7.0×7.0×4.8
19世紀中期　イギリス
「永遠」を表わす蛇をモチーフにしたブレスレット。ゴムを通したデザインは留金が見えず装着が簡便である。

258
ジェットリング「鳩」
Jet Ring《Dove》
ジェット
径1.6
19世紀中期　イギリス
一枚の原石をくりぬいて作られた。ジェットのリングは例がなく珍しい。

259
ジェットティアラ
Jet Tiara
ジェット
4.7×12.6
19世紀中期　イギリス
正装時の頭部の装飾品は欠かすことのできないアイテムであるが、ジェットのティアラは珍しい。

260
シェルカメオ&ジェットブローチ
「シェイクスピア」
Shell Cameo and Jet Brooch
《SHAKESPEARE》
ジェット、シェルカメオ
8.5×7.0
19世紀中期　イギリス
一つの大きなジェットの原石をくり抜いて、カメオのフレームにしてある。

261
ボグオークブローチ「キルケニー城」
Bog-Oak Brooch《Kilkenny Castle》
ジェット
5.8×6.6
1860年頃　アイルランド

262
グラスカメオ&
フレンチジェットブローチ
Glass Cameo and French Jet Brooch
ジェット、グラスカメオ
13.8×8.3
1880年頃　イギリスまたはフランス

263
ティーセット
Silver Tea Set (Tray, Tea Pot, Coffee Pot, Creamer, Sugar Pot)
シルバー
トレー：73.5×48.7 ／ティーポット：高22.0×胴径14.0 ／コーヒーポット：高29.0×胴径13.0 ／クリーマー：高17.5×胴径9.0 ／シュガーポット：高12.5×胴径12.0
1860〜61年　ロンドン

264
ケトル
Silver Kettle
シルバー
高42.0×胴径22.0
1869年　バーミンガム
下部にセットされたアルコールランプで、お湯をつねに弱い沸騰状態に保つことができ、紅茶の濃さの調整に用いられた。

265
デザートセット（ナイフ、フォーク）
Silver Dessert Set（Knife, Fork）
シルバー、マザーオブパール
ナイフ：20.8／フォーク17.0／オリジナルケース：25.0×28.5×5.5
1877年　バーミンガム
食後のデザート用カトラリーだが、繊細な細工の美しさからアフタヌーンティーでも使われた。美しい白蝶貝や象牙を贅沢に使ったカトラリーは、大英帝国の領土の拡がりによってもたらされた。ウェディングギフトとして贈られることも多かった。

266
ティースプーン
Silver Tea Spoons
シルバー
スプーン：13.5／シュガーサーバー：11.0／オリジナルケース：25.0×28.5×5.5
1880年　バーミンガム

267
ティーキャディー
Tea Caddy
シルバープレート
13.7×15.4×11.4
19世紀後期　イギリス
テーブルで紅茶を入れる時に使うための茶葉容器。

268
ケーキバスケット
Cake Basket
シルバープレート
高17.2×径23.7
19世紀中期　イギリス
焼き菓子やビスケット用の器。持ち手がスウィングする。

269
イパン（花器）
Epergne
シルバープレート
高41.3×幅29.8
19世紀後期　イギリス
テーブルやサイドボードに花を並べるためのセンターピース。どの方向から見ても美しく見えるデザインで、ラッパ状の花入れは取り外しができる。

270
脚付トレー
Salver
シルバープレート
高4.0×径33.2
19世紀後期　イギリス
トレーは食卓にグラスや飲食物を運ぶだけでなく、ティーポットをのせたり、菓子の盛りつけにも使われた。ヴィクトリア時代には手紙や書類をのせて主人のもとに運んだり、玄関ホールに置いて来客用の名刺受けにも使われた。

271
ポージーホルダー
Posy Holder
ゴールドギルト
ホルダー：12.8×径3.3／チェーン：7.0／リング：径1.9
19世紀中期　イギリス
花束の根元をたばねて金細工のある円錐状の筒部に差し込み、リングを指にはめ、チェーンを垂らして手にもった。バラを中心に小花を組み合わせたアレンジメントを用いることが多く、そのままテーブルに置かれることもあった。

272
サーヴィングセット
Serving Set (Cup and Saucer, Dessert Plate, Biscuit Tray)
ポーセレン
ティーカップ：高5.7×口径10.5／ソーサー：高2.5×径14.8／コーヒーカップ：高7.0×口径8.5／デザート皿：径26.0／ビスケットトレー：径32.0
19世紀中期　イギリス

273
サーヴィングセット
Serving Set (Cup and Saucer)
ポーセレン
ティーカップ：高5.7×口径10.5／ソーサー：高2.7×径15.5／コーヒーカップ：高7.1×口径9.5
19世紀中期　イギリス

274
ティーナプキン
Tea Napkin
リネン
各31.0×32.8
19世紀後期　イギリス

275
デザートセット
Dessert Set
(Nutcracker, Pick, Fork, Knife)
シルバープレート、マザーオブパール
クルミ割り：13.5／ピック：13.0／フォーク：16.5／ナイフ：19.5／オリジナルケース：25.6×33.0
19世紀後期　イギリス

276
シュガーバスケット＆スプーン
Silver Sugar Basket and Spoon
シルバー
シュガーバスケット：11.4×15.2×19.0／スプーン：13.3×5.4
1864年　シェフィールド
砂糖が高価だった時代、大きな塊を砕いた砂糖を山盛りにして出すことが最上のもてなしだった。細工の施されたバスケットのフォルムが美しく、持ち手が動くようになっている。

277
ローズボウル
Silver Rose Bowl
シルバー
6.5×13.0×13.2
1873年　ロンドン
バラの蕾を入れるための器。精巧な打ち出し細工が施されている。

278
デザートサーバー
Silver Dessert Servers
シルバー、マザーオブパール
ナイフ：23.7／フォーク：18.3／オリジナルケース：8.5×29.0
1896年　シェフィールド

279
フルーツ皿＆スプーン
Fruit Dish and Spoon
シルバープレート
19.0×26.7×4／スプーン：20.3
19世紀後期　イギリス

280
アイスクリームサーバー
Ice Cream Servers
シルバープレート、アイボリー
ナイフ：26.0／スプーン：23.3／オリジナルケース：12.0×30.0×3.0
19世紀後期　イギリス

281
アイスクリームスプーンセット
Gold-Gilt Silver Ice Cream Spoon Set
ゴールドギルト、シルバー
スプーン：13.5／オリジナルケース：17.7×20.0×2.7
1874年　ロンドン

282
サンドイッチサーバー
Sandwich Servers
シルバープレート、アイボリー
左サーバー：14.5／右サーバー：17.5
19世紀後期　イギリス

283
ティーナイフセット
Silver Tea Knife Set
シルバー、マザーオブパール
ナイフ：17.5／オリジナルケース：21.3×29.0×3.3
1915年　シェフィールド
スコーンをスライスし、ジャムやクロテッドクリームを塗るのに使われた。

284
ケーキスタンド
Cake Stands
シルバープレート
左スタンド：高31.0×幅27.5　トレー：径21.0／右スタンド：高39.8×幅26.5　トレー：径17.2
19世紀後期　イギリス
小さなテーブルでもケーキ、スコーン、サンドイッチを数名分用意できるようになっている。

Ref. 1
カールトンハウスの
青ベルベットの小室
A Room of Blue Velvet, Carleton House
エッチング、アクアチント、紙
額：47.0×50.0
1816年2月1日　イギリス

Ref. 2
ヴィクトリア女王の
プレゼンテーションペンダントに
つけられた手紙
A Letter with Presentation Pendant of Queen Victoria
1876年2月18日　イギリス

Ref. 3
アレクサンドラ王妃の肖像
Portrait of Queen Alexandra
(Alexandra of Denmark)
油彩、カンヴァス
額：69.0×43.5
1908年　イギリス
フランソワ・フラマンク

Ref. 4
チャールズ皇太子と左手薬指に
リングをつけるダイアナ元妃
Prince Charles and Princess Diana on Her Birthday of 24 years old
1985年7月1日　イギリス

Ref. 5
皇太子チャールズとダイアナ・スペン

サーの結婚記念のシルバーボックス
Silver Box, The Marriage of the Prince of Wales and Lady Diana Spencer
シルバー
高3.0／径8.5
1981年7月29日　イギリス
ガラード

Ref. 6
テムズ川の情景
The Thames
エッチング、アクアチント、紙
14.5×554.0
19世紀初期　イギリス

Ref. 7
シュガーケーキ
Sugar Cake
2005年　製作：ラ・ブルーエお菓子サロン

Ref. 8
キャンドルスタンド
Candle Stands
シルバー
高41.0
19世紀後半　フランス、クリストフル

Ref. 9
コンポート
Compote
シルバー、ガラス鉢
高21.0／ガラス口径33.0
19世紀後半
シルバー：フランス、クリストフル
ガラス：フランス、バカラ

Ref. 10
飾り棚
Cabinet
ローズウッド
218.0×148.0×70.0
19世紀後期　イギリス

Ref. 11
椅子
Chairs
102.0×70.0×70.0
19世紀中期　フランス

Ref. 12
ゴールドギルディングミラー
Gold Gilding Mirror
150.0×103.0
1870年頃　フランス

Pl. 1
《戴冠式のヴィクトリア女王》
1838（1863）年
サー・ジョージ・ヘイター
油彩、カンヴァス
《Queen Victoria》
Replica by Sir George Hayter
National Portrait Gallery, London

Pl. 2
《ウィンザー城の光景》
1843年頃　サー・エドウィン・ランジア
油彩、カンヴァス
《Windsor Castle in modern times》
Sir Edwin Landseer
The Royal Collection

Pl. 3
《アルバート公》
1844年　ロバート・ソーバーン
水彩、象牙
《Prince Albert》
Robert Thorburn
The Royal Collection

Pl. 4
《御家族》
1846年　F. X. ヴィンターハルター
油彩、カンヴァス
《The Royal Family》
Franz Xaver Winterhalter
The Royal Collection

Pl. 5
《1851年5月1日》
1851年　F. X. ヴィンターハルター
油彩、カンヴァス
《The First of May, 1851》
Franz Xaver Winterhalter
The Royal Collection

Pl. 6
《ヴィクトリア女王在位50周年》
1887年
アレクサンダー・バッサノ撮影
《Queen Victoria》
Half-plate glass negative by
Alexander Bassano
National Portrait Gallery, London

Pl. 7
《結婚7年目の記念にウェディング姿で描かれたヴィクトリア女王》
1847年　F. X. ヴィンターハルター
油彩、カンヴァス
《Queen Victoria》
Franz Xaver Winterhalter
The Royal Collection

Pl. 8
《最後にベールを身につけたヴィクトリア女王》
1893年　W. & D. ダウニー撮影
《Queen Victoria》
Half-plate glass negative by
W. & D. Dawney
National Portrait Gallery, London

Pl. 9
《ウェディングベールをまとったアリス妃》
1862年　ジョージ・コーベルウィン
油彩、カンヴァス
《Princess Alice in her wedding veil》
George Koberwin
National Portrait Gallery, London

Pl. 10
《シャンティイレースをまとう若きヴィクトリア女王》
1837～38年　C. E. ワグスタッフ
メゾチント、紙
《Queen Victoria》
Charles Edward Wagstaff
National Portrait Gallery, London

Pl. 11
《喪に服すヴィクトリア女王》
1864年　ウィリアム・ホール Jr.
エッチング、紙
《Queen Victoria》
William Holl Jr.
National Portrait Gallery, London

Pl. 12
《ヴィクトリア女王の四女ルイーズ》
1870年頃　W. & D. ダウニー撮影
《Princess Louise Caroline Alberta, Duchess of Argyll》
Half-plate glass negative by
W. & D. Dawney
National Portrait Gallery, London

Pl. 13
《ジェットを身につけたヴィクトリア女王と長女ヴィクトリア》
1888年　W. J. ビルン撮影
《Queen Victoria and Empress of Germany, Victoria》
Half-plate glass negative by
William Joseph Byrne
National Portrait Gallery, London

BIBLIOGRAPHY
参考文献

Anna Beatriz Chadour & Maney Leeds, England, *RINGS, The Alice and Louis Koch COLLECTION I, II*, 1994
The Antique Collectors Club, *Fob Seal Opportunities*, 1986
Armstrong, Nancy, *Victorian Jewellery*, 1976
Bennett, David & Mascett, Daniela, *Understanding Jewelly*, 1989
Becker, Vivienne, *Antique and 20th Century Jewellery*, 1980
Black, J. Anderson, *A History of Jewels*, 1947
Bradford, Ernle, *European Jewellery*, 1953
Bradford, Ernle, *English Victorian Jewellery*, 1959
Bradford, Ernle, *Four Centuries of European Jewellery*, 1967
Burgess, Fred W., *Antique Jewellery & Trinkets*, 1964
Bury, Shirley, *An Introduction to Sentimental Jewellery*, 1985
Bury, Shirley, *Jewellery 1789-1910 I. II.*, 1991
Bury, Shrley, *Rings*, 1984
Carnuthers, Annette, *Ashbee to Wilson*, 1986
Cooper, Diana / Battershill, N., *Victorian Centimental Jewellery*, 1972
Crisp, Frederik, *Memorial Ring : Chares II – William IV*, 1908
Dalton, O. M., *Catalogue of The Engraved Gem*, 1915
Dawes, Ginny Redington etc., *Victorian Jewellery – Unexplored Treasures*, 1991
Deborah Jaffé, *Victoria A CELEBRATION*, 2000
Dent, Herbert C., *Pique*, 1923
Egger, Gerhaut, *Generations of Jewellery*, 1988
Field, Leslie, *The Queen's Jewels*, 1987
Flank, Jhon, *Jewellery*, 1979
Flower, Margaret, *Victorian Jewellery*, 1951
Forrer, L., *A Biographical Dictionary of Medalists*, 1904
Gere, Charlotte, *European and American Jewellery*, 1975
Gere, Charlotte, *Artist's Jewellery*, 1989
Gere, C. / Rudoe, J. / Tait, H. / Wilson, T., *The Art of the Jeweller I, II*, 1984
Guérine, Armond, *Bijouterie & Joaillerie (Des XVe et XVIIIe Siecles)*
Hall, James, *Dictionary of Subjects and Symbols in Art*, 1974
Hinks, Peter, *Nineteenth Century Jewellery*, 1975
Hinks, Peter, *Victorian Jewellery*, 1991
Jargstorf, Sibylle, *Glass in Jewellery*, 1991
Joyce, Kristin etc., *Pearls*
Kay Staniland, *IN ROYAL FASHON*, 1997
Lanllier, Jean etc., *Five Centuries of jewellery*, 1983
Levine, Gilbert etc., *The Jeweller's Eye*, 1987
Mascetti, Daniela & Triossi, Amanda, *Earrings*, 1990
Mascetti, Rosalin K. & Dalgieish, George R., *The Art of Jewellery in Scotland*, 1991
Menkes, Sury, *The Royal Jewels*, 1985
Montgomery, A.P., *Fob and Desk Signet's*, 1986
Muller, Helern, *Jet*, 1987
Munn, Geoffrey C. *Castellani and Giuliano*, 1984
Munn, Geoffrey C., *The Triumph of Love Jewellery 1530-1930*, 1993

Newman, Harold, *An Illustrated Dictionary of Jewellery*, 1981
Newman, Harold, *An Illustrated Dictionary of Silverware*, 1987
O'day, Deirdle, *Victorian Jewellery I. II.*, 1974
Oman, C. C., *Victoria and Albert Museum Catalogue of Ring*, 1930
Peter, Mary, *Collecting Victorian Jewellery*, 1970
Poynder, Michael, *The Price Guide to Jewellery*, 1981
Richter, Joachim F., *Antique Enamels for Collector*, 1990
Scarisbrick, Diana, *Jewellery*, 1984
Scarisbrick, Diana, *Ancestral Jewels*, 1989
Scarisbrick, Diana, *Rings*, 1993
Scarisbrick, Diana, *Jewellery in Britain 1066-1837*, 1994
Schiffer, Nancy, *The Power of Jewellery*, 1988
Schiffer, Nancy, *Silver Jewellery Treasures*, 1994
Snowman, A. Kenneth, *The Master Jewellers*
Tait, Hugh Gere, Charlotte, *The Jeweller's Art*, 1978
Thomas Heneage & Co. Ltd., *Bell Epoque of French Jewellery*, 1990
Toomer, Heather, *Antique Lace*, 2001
Wainwright, Clive, *Pugin*
Wand, Anne etc., *The Ring*, 1981

朝日新聞社編『エトルリア文明展』1990
麻布工芸館編『金の宝飾 エトルリアからルネサンス』1991
アーサー・マッテル著『世界神話辞典』1993
アン・クラーツ著／深井 晃子訳『レース 歴史とデザイン』1989
呉 茂一著『ギリシャ神話』1969
国立科学博物館編『ダイヤモンド展』2000
小松 博著『真珠鑑別論序説』1992
城 一夫著『西洋装飾文様辞典』1993
全国歴史教科書教育研究協議会編『改訂版世界史B用語集』2008
ダイアナ・スカリスブリック著『RINGS 橋本指輪コレクション』2004
東京国立博物館『煌きのダイヤモンド』2003
東京都庭園美術館編『指輪 古代エジプトから20世紀まで』2000
西日本新聞社編『ヨーロッパ・ジュエリーの400年』2003
西日本新聞社編『カメオ展宝石彫刻の2000年』2008
日本テレビ放送網編『プリンセスの輝き ティアラ展』2007
原 真哉編『新訂世界史年表 各国史・テーマ史・世紀別』2005
ブリュッセル王立博物館『ヨーロッパのレース』1981
マイケル・グランド『ギリシア・ローマ神話事典』1988
森 護著『西洋の紋章とデザイン』1982
森 護著『英国王室史話』1986
森 護著『英国の貴族』1987
森 護著『西洋紋章夜話』1988
森 護著『英国王室史事典』1994
山口 遼著『ジュエリィの話』1987
吉野 真理著『アンティーク・レース』1997
リットン・ストレイチ『ヴィクトリア女王』1981
ロバート・ウェブスター『GEMS 宝石学』1980
ロバート・グレーブス『ギリシア神話』1955

QUEEN VICTORIA
DIANA SCARISBRICK

The Victorian period, which coincides with the sixty four years of Queen Victoria's reign was one of the greatest in British history. From her accession in 1837 to her death in 1901, peace, political stability and sound government brought Queen Victoria's people industrial and commercial prosperity, efficient railway, road and postal systems, naval and military glory, colonial development, the expansion of an Empire on which " the sun never set" and the creation of modern educational, cultural and social institutions. In these circumstances national pride was very strong and the patriotic feelings of the British people were centred on the person of their Queen.

What was she like? She was very short, measuring less than five feet, almost always too fat, not good looking, but possessed of grace and dignity, and a clear musical voice. Physically strong, she bore nine children and was hardly ever ill during her long life. She was a good horsewoman, and enjoyed dancing late at night at the homes of the aristocracy and at her own palace receptions. She wrote a huge quantity of letters and it is these that best reveal her strong character and equally strong opinions about people and current events. Her life as Queen divides into two parts: the happy years as the wife of Prince Albert from their marriage in 1840 to his death in 1861, and then the loneliness of her long widowhood. There was a period of unpopularity following her first nine years of seclusion when it was felt that she had gone too far in neglecting her public duty but she soon regained the affection of her people which reached a climax on great national occasions, notably her 50th and 60th Golden and Diamond Jubilees of 1887 and 1897.

Every phase of her life as Empress, Queen, wife and mother, is mirrored in her jewellery. Even as a young princess she appeared at court functions with the modest jewels given by thoughtful friends and relations as presents for birthdays, Christmas and at her confirmation and which she described most appreciatively in her journal. Then, after her coronation, as sovereign, it was the brilliance of the diamonds on her head, ears, neck, wrists and fingers which made this diminutive woman stand out from her subjects at all national events. However, her ownership of these stones was disputed.

The Hanoverian Dispute

Her claim to the family jewels, brought from Windsor on her accession, was contested by her uncle, the Duke of Cumberland who became King of Hanover in Germany at the same time. Ruled jointly with England from 1714, the break between the two kingdoms occurred in 1837 because the Salic law only allowed a man to rule in Hanover. The king immediately demanded his share of all jewels belonging to the crown, declaring that his parents, George III and Queen Charlotte, would have wished all stones of German origin be returned to Hanover should the two kingdoms ever be divided again, as was now the case. The dispute, which continued over twenty years was, finally decided in 1857 against the Queen. Parting with so many jewels she had believed to be her own was a great blow and the nation sympathised. She was still left with enough to make a good show and in 1858 The Illustrated London News approved her appearance at the wedding of her eldest daughter, Princess Victoria to the German Prince Friedrich: "we feel proud that our judges learned in the law have not awarded every jewel we possess to the Hanoverian monarchs". As there was no revolutionary spirit in England, the nation expected her to look like a Queen and she understood that it was her jewels which transformed her appearance into a superior being, raised above ordinary women.

Gifts and Acquisitions

Generous gifts supplemented those jewels remaining to her. Some were sent by the King of Siam and the Imam of Muscat but the most important came from the Treasury of Lahore, annexed by the East India Company when the Punjab was brought under British rule in 1849. The company gave her fine diamonds and pearls, and two historic stones: the Koh-i-Noor diamond, prized by the Moghul emperors over centuries and the ruby (in reality a spinel) of 352 carats named Timur after the great soldier Tamerlane (1336-1405) who wore it in his turban, and which is inscribed with names of subsequent owners. Whenever she wore the Koh-i-noor mounted either in a honeysuckle or cross pattée-in centre of a tiara inherited from her aunt Queen Adelaide, or as a brooch, it always made a great impression. The rose red Timur glowed from the centre of diamond chain. In addition, she made many new acquisitions from Robert Garrard, the Crown Jewellers

265

and altered the hereditary jewels assigned to her. As a statement of her sovereign rank she required not one tiara but several. One of the most attractive was made from Queen Adelaide's sunray or fringe diamond necklace, which appears on her head in the First of May family portrait by F. X. Winterhalter (1842), and there were others from Garrard: a sapphire and diamond coronet, two more diamond tiaras, one with rubies, the other with emeralds. Indian jewellery exhibited in London in at the Great Exhibition (1851) seems to have inspired the design of a "diamond tiara of Oriental design with opal centres, the outer frame ornamented with spike and husk ornaments" (1853). As for the diamond earrings she loved to wear, she had one pair made from stones removed from a Turkish decoration, others from East India Company gifts, and an important pair with diamond drops hanging from diamond studs was a gift from Prince Albert. She also liked emerald pendants. One pair consisted of plain drops, but another pair acquired later swung within diamond chains (1847). As necklaces were essential for low cut court dresses court dresses she was obliged to buy her own pearls to replace those which had been returned to Hanover, but by taking twenty eight diamonds from a ceremonial sword and Garter Badge she was able to create the superb collet necklace, or rivière she wears in the F.X. Winterhalter state portrait (1858). From Garrard came an emerald and diamond necklace, (1848) followed by another of rubies and diamonds (1853). There were also presents: a turquoise and pearl necklace with matching earrings from Queen Adelaide, and a chain of large topazes set round with diamonds from the King of Prussia. Adding further blaze and colour to her appearance were the brooches she scattered all over her dresses, and on the sleeves, pinned, eighteenth century style, to ribbon bows. Soon after her accession she made three spectacular brooches : the first from a pair of brilliant orange flowers, the second from Queen Adelaide's wheat ear tiara and the third from a large cluster of diamonds taken from her grandfather George III's badge of the Order of the Bath. In 1858 she ordered a set of three graduated diamond bow brooches, which, like many other pieces worn by Queen Victoria remain in the royal collection.

Prince Albert's Influence

From the start of her reign Queen Victoria was buying jewels not only for herself but many others required for presentation. Then after her marriage in 1840 the volume of such acquisitions increased, and was made more enjoyable since she could share her own enthusiasm for jewellery with Prince Albert. From the first he was actively involved in the formation of her collection. As her bridegroom he gave her a brooch set with a large sapphire framed within twelve very white diamonds which she reserved for grand occasions. His other gifts were more light hearted: a necklace of enamelled and emerald flowers, a set of turquoises, a ruby and diamond demi-parure and a bracelet with a spider stalking a fly. He designed these himself and she was always pleased with those marking the anniversary of their marriage, which she recorded in her sketchbook, now in the Royal Library. In 1846 she was especially touched by the symbolism of "a wreath going right round the head made to match the brooch and earrings he gave me at Christmas. It is entirely his own design. The leaves are of frosted gold, the orange blossoms of white porcelain and the four little green enamel oranges meant to represent our four children - such a dear kind thought of Albert's". At a time when so many died young she was often obliged to wear jewels in memory of close relations and after the death of Queen Louise of the Belgians in 1850, he gave her "a present of infinite value to me, a miniature of my beloved Louise in a clasp to a bracelet in dull deepish blue enamel with a black cross, the cipher in diamonds - all dear Albert's own design and very lovely... I did a sketch of it". A devoted father, he designed not only for the Queen but also for their daughters. The eldest, Princess Victoria, on her wedding in 1858 received an emerald and diamond pendant with matching bracelet and an opal and diamond parure, and before his death in 1861 he had planned jewels for the younger, Princess Alice, who married the Grand Duke Louis of Hesse later that year. They were described by The Illustrated London News as a diamond tiara composed of a rich bandeau with foliage, etc. from Messrs. Garrard, was designed by the Prince Consort who had also chosen other jewels for her": an opal and diamond parure, a sapphire and diamond parure and a pearl and diamond brooch with pearl pendant. Others were executed for anniversaries, as Christmas presents and as souvenirs for the bridesmaids and guests at weddings. Each gift, whether expensive or not would have been discussed by the couple together. Most importantly, with Prince Albert's encouragement the leading jewellers of London, Dublin and Edinburgh participated in the Great Exhibitions held in London in 1851 and 1862.

The Great Exhibitions

Prizes were awarded to leading jewellers at other exhibitions held at intervals elsewhere: Paris (1855, 1867, 1878, 1889, 1900), Vienna (1873), Philadelphia (1876), Chicago (1893). Huge crowds were attracted to their stands and not just to look but also to buy. Industrial development, investments in railways, shipping, property and banking enriched a new European business class and old aristocracy alike. Across the Atlantic, the millionaires of North and South America grew richer every year. This prosperity coinciding with cheap labour and low taxation provided the social background in which women of the upper and middle classes were permanently on show and a husband's success could be measured by his wife's jewellery.

The Great Makers

The London jewellers were led by Robert Garrard who had the royal appointment, followed by Hunt and Roskell of Bond Street, by Howell and James of Regent Street, and by C.F. Hancock of Bruton Street who made the celebrated neo Renaissance Devonshire Parure in 1856. They had a reputation for fine stones which were now less rare than before. Rubies and sapphires were imported from Burma after 1856 and the discovery of the mines of South Africa in 1867 almost flooded the market with diamonds. Few women could resist their glitter and as they were now relatively cheap, the rarer natural pearls became the most prestigious of all gems. Specialists in "artistic" jewellery were with Robert Phillips, famous for his coral and gold ornaments, and Carlo Giuliano, who revived the art of enamelling. All were patronised by the Queen who bought from foreign jewellers too. After the Revolution of 1848 which drove the Orléans dynasty of Louis Philippe from France she noted in her journal as "there is no end to the jewellers and artists arriving from Paris, half ruined and with beautiful and tempting things some of which one cannot resist buying". One of these, Jean Valentin Morel, who had set up a branch of the Parisian Jules Fossin, in New Burlington Street in 1848, was invited to show her a selection of his stock and thereafter, whenever summoned by the Queen's dresser, Miss Skerrett would supply all kinds of ornaments at all prices, obtaining the royal warrant in 1852. Morel observed that the English, like Queen Victoria herself, liked solidity, strong colours, especially garnets and turquoises, bright enamels, and masses of bracelets.

Birmingham

For people who could not afford the rare and expensive, a large range of ornaments was manufactured in Birmingham where approximately 20.000 workers were engaged in the various stages of production. Since there had been an increased demand for buttons after a presentation to Prince Albert on his arrival in Britain (1840), another deputation asked to meet him again (1845). They brought gifts for the Queen: a brooch, earrings, belt buckle and a bracelet "the most splendid produced in the town" of a markedly patriotic character. A diamond sprig applied to the blue enamel centrepiece was bordered by 9 pearls and framed in oak leaves and acorns, each link of the band was decorated with an emblem of Peace, Plenty, for ever, with the rose, thistle, shamrock and leek (for England, Scotland, Ireland and Wales) and the clasp was set with rubies and diamonds. The Prince was given a watch chain, a key and a seal with handle in the shape of the Warwick Vase standing on pedestal supported by Mercury and Ceres, with grapes and vine tendrils. The Prince thanked them and then went on to ask "how it was that fashion could perversely persist in going abroad for articles of bijouterie when it could command so admirable and exquisite a manufacture of them at home" (**Fig.1**). He assured them that the Queen would share his admiration of these presents. In July 1848 he approved a niello bracelet designed by the artist Daniel Maclise "and other works executed for Summerley's Art Manufacturers. Birmingham's success was due not only to efficient production, especially after the introduction of gas powered machinery in 1860 but also to the desire of the Victorian woman to look as if she belonged to a higher class than her own. The wearing of jewellery was certain to make her seem richer than she was: and Queen (1869) magazine commented "we live in a world of make-believe". As the maid servant imitated her middle-class mistress who copied the aristocracy who followed the example set by royalty, the same styles in jewellery were diffused throughout Victorian society.

Social Customs

a) Weddings

As the institution on which the stability of society depended, marriage was taken very seriously, with legal contracts drawn up to secure financial interests, and a ceremony in which the couple made solemn vows to stay together "till death us do part". In these circumstances a Christian wedding was organised as a great celebration, requiring months of planning and characterised by traditional symbols. These included a white dress, signifying the bride's purity, and, orange blossom, white and fragrant, emblematic of chastity, crowning the head, trimming the dress and held in a bouquet, Evergreen myrtle leaves for lasting love, a sprig of white heather for luck, the bridal veil and rings, were equally significant (**Fig.2**). Friends and relations contributed to furnish the new home with silver, porcelain, glass, linen and furniture, and the bride would also receive jewellery suitable for a married woman with a busy social life. This jewellery with the other presents was displayed at the reception held after the religious ceremony and the bridal cake had been cut and distributed to the guests. Since public interest in the marriages of royalty and the aristocracy was so great the newspapers printed descriptions of their marriage services, details of all the toilettes and long lists of the presents: these set the standard for the rest of the country to imitate according to their means. It was also customary for the bride to wear some of the jewels to demonstrate her new status and to add brilliance to her appearance. Her Honiton or Brussels lace veil might be covered by a tiara or band of diamonds, or pinned with diamond brooches-marguerites, bees, butterflies, stars- and on her wrist a bracelet enclosing miniatures of her husband, or perhaps of the mother, father, brothers and sisters she was leaving behind. Fashionable brides were accompanied by a procession of young women friends, and by small boys, dressed in costumes copied from famous paintings, adding to the festive atmosphere. Although some jewelled souvenirs of the occasion given to the bridesmaids by the bridegroom might reflect current fashion the majority were more personal. After Prince Albert had the idea of giving each of the twelve bridesmaids at his wedding with Queen Victoria, his family badge, a Coburg eagle pavé set with turquoises, and pearls gripped by claws (**Fig.3**), other well born men also adopted heraldry, not only for brooches but for lockets bearing their crests, coronets, and coats of arms. The majority, following the example of the Prince of Wales in 1863 chose crystal lockets decorated with the interlaced initials of the bride and groom, enamelled or set in pearls, and hanging from a rose diamond bow knot. Also popular were love motifs - Cupid's bow and arrow, hearts, single or double, and lover's knots- combined with monograms, for brooches, rings and pendants. More specific mementoes contained fragments of the bride's dress, her hair and photographs of the couple with their monograms emphasising the ties of family and friendship.

b) Mourning

At the first Drawing Room held after the death of her aunt, the Duchess of Gloucester in 1857 Queen Victoria wore "a train of black silk trimmed with black crape and bouquets of black flowers, black crape petticoat over black silk trimmed with bouquets of black flowers with diadem of black jet with black feathers" Her strict observance of the ritual of mourning the dead mirrored the custom of the entire nation. In public life it was a means of showing respect for the illustrious dead such as the Duke of Wellington and for private individuals it affirmed the strength of family ties. From 1861, as a widow, the Queen wore black exclusively until the end of her own life, though to show who she was the veil over her "Mary Stuart" style cap was always brilliant with diamond ornaments. As for those around her, according to young Marie Adeane, who joined the royal household in 1887, "the Ladies-in-Waiting always wore black but the Maids of Honour, with regard to their youth were permitted to wear white, grey, mauve and purple except when one of the numerous court mournings occurred when all the Ladies wore unrelieved black." These sombre toilettes were set off with jet, marcasite, onyx, black enamel, and bog oak jewellery. -combs, hair pins, aigrettes tiaras, necklaces, lockets earrings, belt buckles bracelets- made in all the fashionable styles and patterns. Bog oak, black and hard as ebony, which was dug out from Irish peat bogs. Jet from the cliffs near Whitby in north of England was more popular since it was lighter to wear and being hard took a high polish. This lustre was considered so becoming that it was also worn in the evenings and not exclusively associated with mourning. The range of carved and facetted beads, monograms and other motifs was continuously extended, and the Art Journal(1869) reported that "the best workmen are imitating the beautiful Roman cameos and antique gems but executing them in much higher relief which gives great dignity and expression to the ornament". From small beginnings the Whitby jet industry developed from only 50 workshops in 1850 to 200 in 1873, supplying not only the home market but a big export trade. It benefitted greatly from the national mourning for the Duke of Wellington(1852) and continued to prosper as long as the custom was strictly observed. Cheaper imitations such as the glass "French jet " which was brittle and broke easily never matched the hard, light reflecting properties of Whitby jet.

Themes:

1) Historicism

The nostalgia for a golden age of the national past which characterised the art of the Romantic period continued for most of the nineteenth century. Queen Victoria who shared this interest in history spent many happy hours looking at miniatures of her Tudor, Stuart and Hanoverian ancestors in Prince Albert's company. In their youthful enthusiasm they held three great costume balls at Buckingham Palace. For the first in 1842 they returned to the Middle Ages: the Prince dressing up as Edward III and Queen Victoria as his wife Queen Philippa: their example was followed by the other guests who also wore fourteenth century style dress and jewellery. The next, in 1845, recreated the court of George II, with the Queen resplendent in eighteenth century dress, powdered hair and diamond jewellery: as the guests arrived they let down their carriage windows to show off their gorgeous costumes to the admiring crowds outside the palace. For the third, held at the same time as the Great Exhibition of 1851, on the theme of the Court of Louis XIV at Versailles, even more magnificent jewels were worn with the gold and silver lace trimmed silks and satins. The demand for historicist jewels encouraged craftsmen to continue using the traditional techniques of the goldsmith and enamellers, taking models from books with illustrations of old jewellery and dress, as shown in museums, picture galleries and exhibitions. Every period was represented. The opening of the Suez Canal in 1869 which reawakened interest in the civilisation of the Nile was followed by jewels representing the Egyptian gods and goddesses, heads of Pharaohs and scarabs. Versions of the gold ornaments of the Greeks, Etruscans and Romans, ornamented with laurel, palmettes and Greek key patterns executed in filigree and granulation, pioneered by Castellani in Rome were available from the firm's many imitators. The Celtic revival promoted by scholars to keep ancient traditions of Scotland and Ireland alive led to the imitation of the famous brooches, -Royal Tara, Hunterston, Knight Templar,- excavated in both countries: shown at the Great Exhibitions of 1851 and 1862 they were bought to fasten the patterned Cashmere shawls which Queen Victoria liked to give as a wedding present. Of all the jewels inspired by the Middle Ages, the cross was by far the most popular, though the cult of chivalry was echoed in brooches and pins depicting knights on horseback, departing for the crusades armed with helmets, spears and swords. The Queen's acquisition of the Darnley jewel (1843), one of the most famous survivals from the sixteenth century stimulated Prince Albert's interest in that period. That same year for Christmas he gave her a complete enamelled gold parure of girdle, pins, earrings, and pearl breasted mermaid, which he believed antique. It is now in the Museum of London. More than any other design, the Devonshire Parure set with cameos and intaglios by C.F. Hancock in 1856 was copied for so many years and so many times as frames for miniatures, for lockets and also for stones, particularly garnets, that it epitomised the English version of the Renaissance Revival (Fig.4). According to the Illustrated London News the chief attraction of these Revivalist ornaments, adapted to current fashions, was cultural, for they were not only "Reminders of the portraits of Holbein and the carvings of Cellini", but by going further back into history gave the wearers the agreeable feeling of encircling their "arms with similar decorations to those which ages ago delighted the ladies of court of Rameses and hapless daughters of Nineveh".

2) Sentiment

Expensive and cheap daytime jewellery expressed feelings of love and friendship through symbols combined with miniatures and locks of hair. The most popular motif was the heart, shaped into lockets and pendants pavé with turquoises or brightly enamelled, worn hanging from bracelets or from ribbons round the neck, sometimes with key and padlock attached. Rings, bracelets, brooches of forget me nots, (Remember me) ivy (For ever) or pansies (Think of me) symbolised remembrance and fidelity. The most powerful emblem was the snake, which, whether single, swallowing tail, entwined in pairs and making a knot, signified love outliving limits of human existence: the flexible body could be coiled into rings, bracelets and brooches with matching earrings. Birds also conveyed messages: doves, beak to beak, represented lovers, and, if watching over nests full of pearl eggs, were symbolic of a mother's care for her children. Miniatures of beloved individuals, sometimes of the eye only, or of small children, portrayed as little angels, might be hidden within lockets or displayed openly. Queen Victoria had a vast collection representing her children at various stages of their lives and her many relations. Immediately after their engagement Sir William Ross painted Prince Albert's miniature for a bracelet which was her only ornament when she announced her forthcoming marriage to her Ministers. She explained that his presence on her wrist gave the courage to fulfil her public duties, so much so that she always kept it on her wrist. From the 1860's photographs, which gave a good likeness were equally treasured and set into bracelet clasps or in lockets.

3) Nature

Jewellers looked to nature for the motifs in diamond jewellery worn at night. Inspiration came principally from the flowers of the garden-roses, lilies, daisies, from oak and laurel leaves, and from a variety of insects. Beetles, bees and butterflies which were also enamelled and set with coloured stones, were usually worn in the hair or else pinned to the lace collar trimming the neckline. Coloured stones also imitated the rich colours of the feathers of birds, which placed high on the head looked as if they had just alighted there. The heavens provided inspiration for the numerous crescent moons, stars and sun jewels, usually ablaze with diamonds.

4) Sport

It was in this category that the English jewellers proved the most inventive and successful, giving the lead to their continental counterparts. Jewels both expensive and cheap brought the favourite sport to mind. Archery appealed to the historicising spirit of the age and contests were held by the aristocracy in the grounds of their country mansions in the atmosphere of a medieval tournament with banners, bugles, parades and dinners followed by dancing. Women contestants were allowed, and their belted green costume with lace collar showed off a full bosom and trim waist to advantage. The prize for the highest score was usually a jewel, such as was awarded by Queen Victoria at the meeting held by the Royal St. Leonard's Archers on the birthday of her mother, the Duchess of Kent (1845). This was described by the Illustrated London News as "an elegant chain of exquisite workmanship, the bird of red enamel, the arrow set with brilliants, the tassel of gold and pearls, the ornaments bearing inscriptions. The tassel was green like that worn on the belt and used by the archers to wipe their arrows clean". As this was the golden age for fox hunting men wore pins for the cravat, scarf studs and cuff links decorated with fox masks, riding crops, hunting horns, horses heads and horse shoes, which also signified Good Luck. To complete their outfits sporting men might match these pins with sets of silver buttons engraved with representations of their favourite hounds and the name of the hunt. From 1840 onwards these scarf and tie pins could also be mounted with the diminutive heads of horses, dogs, stags and foxes taken from life painted on ivory and enamelled: William Essex, J.W. Bailey and W.B. Ford were the best known artists of this genre. Tinted crystal intaglios of steeple chasers, race horses - particularly Derby winners - game birds, fish, springer spaniels, each resplendent with colours beneath tiny glass faced domes were another innovation, associated with the Pradier family. Tiger's heads, these last being mounted with tiger's claws imported from India appear in this effective medium too. Women wore sporting jewellery with riding dress and also when staying at country houses where frequent changes of costume required a large number of original and amusing accessories. This demand stimulated the leading jewellers who yearly advertised new designs, game birds - pheasant, grouse partridge, - being particularly well represented. The sporting genre captured public fancy notwithstanding The Art Journal (1872) which criticised the firm of Hancock & Co. for "displaying a gold suite of necklace, bracelet, earrings constructed of miniature saddles, bridles, whips with stirrups, horseshoes and portions of horses - a more outrageous instance of applied ingenuity and skill it is impossible to conceive and that any woman would condescend to wear such abominations is more inconceivable too". The growing interest in other sports, particularly ball games and yachting is also reflected in jewellery. Edward Streeter's catalogue for 1896 advertised cufflinks enamelled with cricketers bowling, fielding and batting, bicycles, skating boots, gold tennis racket brooches, croquet mallets, and announced that polo designs were a speciality. Then Queen magazine (1890) reported that the game of golf was everything, played by women in white skirts and scarlet jackets pinned with brooches of crossed clubs and a ball, waists clasped with silver belt buckles showing men and women players. Yacht owners had brooches representing their personal flag and that of their club, or anchor brooches, capstans and life savers.(**Fig.5**) However not everyone approved. The fashionable Mrs. Potter Palmer from Chicago who believed that the modern development of sport had been brought about by nothing more than the desire to attract men, declared that "girls telephoning young men asking for their company at tennis or out boating were mere devices and pretexts for getting at the young man himself".

5) Souvenirs of Travel

a) Scotland

Queen Victoria fell in love with Scotland on her first visit in 1842, and thereafter made it her second home enjoying "quiet, a retirement, a wildness, a liberty and a solitude that had such charm for us ". To promote the manufacture of tartan she made numerous gifts of sashes, belts scarves waistcoats, ribbons, kilts and plaids and both she and her children wore it at public and private events (**Fig.6**). In addition she encouraged the production of silver Scotch pebble jewellery, inlaid with vari-coloured agates and bright yellow cairngorms picked up from the ground. Her jewellers, Rettie of Aberdeen made ornaments in severe geometrical shapes from pieces of granite from the hills around her Balmoral estate, and acorn earrings from the teeth of stags stalked by the Prince Consort. The range of this type of regional jewellery included brooches, earrings, sleeve links, cloak clasps, and into bracelets with pendant lockets shaped as padlocks. The motifs are traditionally Scottish: the thistle, buckled garters, cross of St. Andrew, miniature bagpipes, harps, and the round shields, daggers, swords and powder horns of the warrior chieftains. As soon as the journey to Scotland could be made by rail people from the south travelled there in crowds to enjoy the picturesque scenery and discover the historic past, made real to them by the novels of the celebrated Sir Walter Scott. There they could visit well stocked souvenir shops selling tartans and the pebble jewellery which was hugely popular because of the low cost of materials. Such was the demand that local craftsmanship had to be supplemented by the Birmingham manufacturers.

b) Travel Abroad

The opening up of the continent by the railways and improved roads gave the more prosperous British people the chance of visiting places hitherto reserved for the very rich. As souvenirs of their travels they bought traditional regional specialities, most of them in the form of jewellery. Carved ivory brooches and bracelets were acquired at the popular spas of Germany, and in Switzerland enamels depicting girls in the costumes of the different cantons and the mountain and lake scenery (**Fig.7**). Italy offered variety: glass beads from Venice, coral beads and carvings from Naples, Genoa and Livorno, and cameos in hardstone and shell from Rome. Clustered around the Piazza di Spagna, the shell carvers, led by Tomasso and Luigi Saulini, produced portraits, views of the city and copies of its artistic masterpieces. Some of these were religious in character, since the city, as home of the Pope, was the centre of the Roman Catholic religion. Two types of mosaic jewellery were available, the Florentine hardstone and the Roman glass micromosaic. The Florentine version representing fruits, flowers and leaves executed in hardstones - marble, amethyst, cornelian, lapis lazuli- on a dark ground was the more striking, but the range - monuments of architecture ancient and modern, religious images, the Campagna landscape, scenes from peasant life- was much greater as the technique was less exacting. A popular choice was olive green and cream lava from Vesuvius, which was carved in sets with the busts of the great masters of Italian art and literature- Dante, Petrarch, Michelangelo and Titian – for bracelets, brooches and rings worn by British supporters of the cause of Italian unification as well as admirers of its culture.

The Influence of Princess of Wales

Soon after the marriage of the Danish princess Alexandra to the future Edward VII The Illustrated London News (1863) remarked that "To be the one object on which the magnetism, the attention and the eyes of thousands are concentrated all through the process of a formal ceremony is an ordeal" and went on to compliment the Princess of Wales "who goes through it with charming ease looking as though she were enjoying herself which is the very best way she can possibly look," instead of "conscientiously performing a laborious duty"(**Fig.8**). Tall, graceful, and elegant, her clothes were perfection on all occasions for she could wear any colour from dead white to crimson, from pale pink to blue of all shades, and she invariably chose the right jewels to wear with them. Her presents from the bridegroom, his family and her own which were the foundation of her collection (**Fig.9**) was supplemented by a great string of Golconda diamonds from the City of London, and bracelets from the Ladies of the great industrial cities of Leeds and Manchester. Further gifts of opulent jewels marked the celebrations of her twenty fifth wedding anniversary in 1888. Not always blazing with diamonds, on suitable patriotic events she wore jewels given the peoples of Wales and Scotland created around their national emblems, and also historicising Celtic and Viking ornaments from Denmark. Just as few women could resist the desire to copy whatever dress she was wearing it was the same for her jewellery. Her adoption of unfashionable opals and amethysts made people want to buy them, and when the Birmingham makers appealed to her, she responded by wearing far more jewellery than usual to aid the revival of their industry. Her influence on fashion was noticed, again by The Illustrated London News (1887) at a royal garden party "The quickness with which fashions set by royalty are followed was exemplified by the large number of ladies who wore diamond brooches pinned to their bonnets, one peeress to the value of £1000. The Princess of Wales wearing diamonds in her bonnet has already led to several ladies appearing at garden parties, weddings and other smart functions similarly attired". As time went on and Queen Victoria, as an aging widow, withdrew from all but the essential public appearances her place was taken by her ever youthful looking daughter-in-law, the best dressed woman in the kingdom. Yet, popular and admired as she was. There was never any question of the Princess of Wales eclipsing Queen Victoria who proved so successfully that a woman could rule a great Empire, perform her official duties with dignity and yet remain a devoted wife and mother. It is a measure of her world wide reputation that the Lady Haruko, wife of the Emperor Mutsuhito, after reading her biography, chose Queen Victoria as an exemplar to be followed.

For the Figures (Fig.1~9) mentioned in the text above, please refer to the images printed in the Japanese text on pages 8 to pages 20.

Copyright & Photo Credit :

The Royal Collection©2009, Her Majesty Queen Elizabeth II
©Photo by EZM
  Pls. 2, 3, 4, 5, 7
©National Portrait Gallery, London, 2009
  Pls. 1, 6, 8, 9, 10, 11, 12, 13
©Erwin Claeys
  Nos. 232, 233, 234
©アルビオン アート・ジュエリー・インスティテュート
  Nos. 158, 160, 162
©ミキモト真珠島 真珠博物館
  Nos. 9, 38, 41, 45
©遠山孝之 『RINGS 橋本指輪コレクション』
  講談社インターナショナル刊
  Nos. 65, 195, 196, 197, 198, 199, 200, 201, 202, 203, 204, 205
©穐葉アンティークジュウリー美術館

[執筆]
穐葉昭江
ダイアナ・スカリスブリック
ハロルド・ブラウン
ダイアン・クライス

[翻訳]
和仁りか

[撮影]
田中俊司
田中美奈子

[装幀・デザイン]
中村香織(コパンダ・バーレルセル)

[企画・編集協力]
穐葉誠一(穐葉アンティークジュウリー美術館)
深井大門(アートプランニング レイ)
豊田奈穂子(アートプランニング レイ)
山崎典子
木村帆乃

[編集]
清水壽明(平凡社)

愛のヴィクトリアン・ジュエリー
華麗なる英国のライフスタイル

2010年2月25日 初版第1刷発行
2022年5月26日 初版第3刷発行

編 者:「愛のヴィクトリアン・ジュエリー」展
    カタログ制作室
発行者:下中美都
発行所:株式会社平凡社
    〒101-0051 東京都千代田区神田神保町3-29
    電話 03-3230-6584(編集)
        03-3230-6573(営業)
    振替 00180-0-29639
    ホームページ https://www.heibonsha.co.jp/
印 刷:株式会社東京印書館
製 本:大口製本印刷株式会社

ISBN978-4-582-25903-2
NDC 分類番号 755.3
A5判(21.0cm) 総ページ 272

落丁・乱丁本はお取り替えいたしますので、
小社読者サービス係まで直接お送りください(送料小社負担)。